Impressum

Dies ist eine Original-Ausgabe der Unterwegs Verlag GmbH,
78224 Singen (Hohentwiel)

ISBN 978-3-86112-359-0

Text/Redaktion: Silke Mäder
Gestaltung/Layout: Cedric Gruber
Titelfoto: www.shutterstock.de
Druck: Graspo CZ, A.S., 763 02 Zlín, Tschechische Republik

Verlagsanschrift:
Unterwegs Verlag GmbH, Werner-von-Siemens-Str. 22, 78224 Singen
Tel. +49(0)7731 838-0, Fax +49(0)7731 838-19
E-Mail: info@internate-online.de

www.internate-portal.de

Bibliografische Information der Deutschen Nationalbibliothek

Die Deutsche Nationalbibliothek verzeichnet diese Publikation in der Deutschen Nationalbibliografie; detaillierte bibliografische Daten sind im Internet über http://dnb.d-nb.de abrufbar.

Der große

INTERNATE-FÜHRER

Das Internate-Handbuch für Eltern und Schüler

beinhaltet ein vollständiges Adressverzeichnis aller Internate in Deutschland, eine Gesamtliste von Internaten in der Schweiz, ausgewählten Internaten in Österreich, in den Niederlanden, in Dänemark, in Großbritannien und in den USA. Mit über 300 Adressen und ca. 100 ausführlichen Darstellungen von Internaten, allen großen Internatsverbänden und Internatsberatungen.

Mit Beiträgen von

Silke Mäder, Psychotherapeutin für Kinder und Jugendliche,
Felix Fröhlich, ehemaliger Internatsschüler,
Prof. Dr. Volker Ladenthin,
Dr. Oliver Niedostadek, Verband Katholischer Internate und Tagesinternate (VKIT),
Dr. Klaus Vogt, Präsident Verband Deutscher Privatschulverbände e.V. (VDP),
Eva-Maria Kemink, DIE INTERNATE VEREINIGUNG e.V.,
Helmut Ramsthaler, Christophorusinternate im Christlichen Jugenddorfwerk Deutschlands (CJD),
Heidi Kong, Evangelische Internate Deutschland (EID),
Zweckverband Bayerische Landschulheime,
Verband Schweizerischer Privatschulen (VSP).

Verlag Unterwegs

Abkürzungen

Sprachen:

A	Arabisch
Chin.	Chinesisch
D	Deutsch
E	Englisch
F	Französisch
Gr	Griechisch
Hebr.	Hebräisch
I	Italienisch
J	Japanisch
L	Latein
N	Niederländisch
P	Portugiesisch
Po	Polnisch
R	Russisch
Sp	Spanisch
wfr.	wahlfrei

Schulische Ausrichtung:

hum.	humanistisch
math.	mathematisch
mus.	musisch
naturw.	naturwissenschaftlich
altspr.	altsprachlich
ns.	neusprachlich

Geschlechter

m.	Jungen
w.	Mädchen

Konfessionen

ev.	evangelisch
kath.	katholisch
röm.-kath.	römisch-katholisch
alle Bek.	alle Bekenntnisse
konf.	konfessionell

Schularten

BG:	Berufliches Gymnasium
BOS	Berufsoberschule
FOS	Fachoberschule
HS	Hauptschule
RS	Realschule
GYM	Gymnasium
HG	hum. GYM
MNG	math.-naturw. GYM
MuG	musisches GYM
NG	neusprachl. GYM
SG	Sozialgymnasium
SWG	sozialwiss. GYM
WG	Wirtschaftsgymnasium
WS	Wirtschaftsschule
WWG	wirtschaftswiss. GYM

staatl., öffentl.: staatliche Schule, öffentliche Schule:
Schulträger staatlicher Schulen sind die Bundesländer, Schulträger öffentlicher Schulen Kommunen, Kommunalverbände oder Körperschaften des öffentlichen Rechts. Staatliche und öffentliche Schulen sind in der Bundesrepublik die Regel und gelten als Norm, nach der sich auch private Schulen richten müssen.

Anerk.: staatlich anerkannte Privatschule:
Anerkannte Privatschulen haben Befugnisse öffentlicher Schulen, insbesondere das Recht, nach den allgemeinen für staatliche und öffentliche Schulen geltenden Vorschriften Prüfungen abzuhalten und Zeugnisse zu erteilen. Das bedeutet u.a., dass die Schüler und Schülerinnen ohne Aufnahmeprüfung in die entsprechende Klassen- bzw. Jahrgangsstufe einer staatlichen oder öffentlichen Schule übergehen können. Die als Vollanstalten anerkannten Privatgymnasien sind berechtigt, Abiturprüfungen abzuhalten und das Abiturzeugnis zu erteilen.

Gen.: staatlich genehmigte Privatschule:
Genehmigte Privatschulen besitzen die angeführten Rechte anerkannter Schulen nicht oder noch nicht; ist eine genehmigte Privatschule Ersatzschule, darf sie schulpflichtige Kinder aufnehmen.

Ers.: Ersatzschule:
Je nachdem, ob eine Privatschule einer vergleichbaren öffentlichen Schule entspricht oder nicht, handelt es sich um eine Ersatz- oder um eine Ergänzungsschule. Ersatzschulen „ersetzen" also im Prinzip eine staatliche Schule. Erworbene Abschlüsse sind denen einer staatlichen Schule gleichwertig. In den meisten Bundesländern wird zwischen „anerkannten" und „genehmigten" Ersatzschulen unterschieden. In Nordrhein-Westfalen gibt es lediglich die genehmigte Ersatzschule, welche der anerkannten Ersatzschule in anderen Bundesländern entspricht.

Alle übrigen Schulen in freier Trägerschaft sind allgemein bildende oder berufsbildende Ergänzungsschulen. Sie bieten in der Regel Bildungsgänge oder Abschlüsse an, die weder an staatlichen Schulen angeboten werden noch vorgesehen sind. Ergänzungsschulen „ergänzen" also das staatliche Schulsystem.
Auch mit dem Besuch einer Ergänzungsschule kann – je nach Landesregelung – in fast allen Fällen die gesetzliche Schulpflicht erfüllt und ein staatlicher Abschluss erworben werden. In NRW sind die allgemein bildenden Ergänzungsschulen in der Regel alle staatlich anerkannt, sodass dort die Schulpflicht erfüllt werden kann.

W.: Waldorfschule:
Wegen ihres besonderen Aufbaus, Lehrplans und Versetzungsverfahrens sind die Waldorfschulen keine anerkannten Schulen im oben genannten Sinne. Ihre Absolventen können sich modifizierten Prüfungen als Nichtschüler unterziehen.

AG: Aufbaugymnasium:
Aufbaugymnasien sind zum Abitur führende Schulen für geeignete Schüler und Schülerinnen, die vorher eine Haupt- oder Realschule besucht haben.

GS: Grundschule:
Sie umfasst das 1. bis 4. Schuljahr.

HS: Hauptschule:
Sie umfasst normalerweise das 5. bis 9., teilweise auch das 10. Schuljahr. Beim Vorhandensein von Orientierungs- oder Förderstufen beginnt sie mit Klasse 7.

G: Gymnasium:
Diese Bezeichnung tragen Schulen, die am Ende der Klasse bzw. Jahrgangsstufe 12 bzw. 13 zur fachgebundenen oder allgemeinen Berechtigung zum Hochschulstudium (Abitur) führen. Sie kann durch einen Zusatz ergänzt werden, der den Schultyp angibt und damit auf die fachliche Ausrichtung hinweist. In der Normalform beginnt das Gymnasium mit Klasse 5 und endet mit Jahrgangsstufe 12 bzw. 13.

So finden Sie Ihr Internat:

Die Internate sind alphabetisch geordnet: zuerst nach Bundesländern und innerhalb dieser nach Ortsnamen. Die alphabetische Reihenfolge bei den Standardeinträgen konnte weitgehendst eingehalten werden.
Bitte benutzen Sie zur schnellen Orientierung das Inhaltsverzeichnis.

Inhalt

V. Internatsberatungen 76–80

VI. Internate in Deutschland

Baden-Württemberg 81–110

Bayern 111–144

Siehe ausführliche Angaben auf Seite 138–139! (Bayern)

10 Gründe für den Besuch der Hermann Lietz-Schule Spiekeroog

1 **Einzigartige Insellage:** Insel-internat inmitten ursprünglicher Natur. Sicher lernen und leben, wo andere Urlaub machen.

2 **Ökologie & Nachhaltigkeit:** Umweltbildung und -forschung bereitet die Schüler vor, ökologische und soziale Verantwortung zu übernehmen.

3 **Freude am Lernen:** Kleine Klassen, individuelle Betreuung und Förderung, Wertschätzung und positiv-kreative Lernatmosphäre.

4 **Lietz-Familie:** Niemand bleibt allein – jeder bringt sich ein. Jeder packt mit an. Ein echtes Gemeinschaftserlebnis. Eine Verbindung fürs Leben!

5 **Persönlichkeitsentwicklung:** Förderung und Freisetzung von sozialen, kreativen, emotionalen Kompetenzen. Gelebte Selbstständigkeit und bewusste Verantwortungsübernahme.

6 **Beste Bildung & beste schulische Voraussetzungen:** Individuelle Wissensvermittlung. Gezielte Förderung. Ganzheitlich mit moderner Ausstattung und digitaler Kompetenzvermittlung.

7 **Gilden:** Ob Bootsbau, Deichbau, Garten- oder Tierhaltung – wir vermitteln praktische Fähigkeiten, Gemeinschaftssinn, Engagement und Bodenständigkeit.

8 **Besonderes Sport- & Freizeitangebot:** Hochsee-Segeln, Skipper-Scheine, Klettern, Reiten am Strand, Boßeln uvm.

9 **Gesundes Nordseeklima:** Salzhaltige, saubere Meeresluft. Geringe Allergenbelastung. Weite von Strand, Meer und Sternenhimmel genießen.

10 **High Seas High School – Das segelnde Klassenzimmer:** Auf einem Traditionssegler segeln Schüler*innen über den Atlantik, stellen sich Herausforderungen und wachsen daran.

Bist Du bereit für's Inselinternat?
Bitte Kontakt aufnehmen:
+49 (0)4976 9100-0
info@lietz-spiekeroog.de
lietz-spiekeroog.de
Siehe ausführliche Angaben auf Seite 172–173 (Niedersachsen)

MARIENAU

SCHULE ZUR WELT

*Marienau ist eine Schule, die junge Menschen in ihrer Individualität respektiert. Eine Internatsgemeinschaft, in der demokratisches Handeln durch die Übernahme von Verantwortung erlernt wird. Eine vielfältige Schülerschaft und ein Ort des interkulturellen Lernens. Ein schulisches Zuhause, das zu Wertschätzung gegenüber Menschen und Dingen erzieht. Ein Gymnasium, das seinen Schüler*innen Leistung zutraut.*

PROFIL

Die Schule Marienau ist ein Internatsgymnasium in freier Trägerschaft. Marienau ist staatlich anerkannt, unsere Schüler*innen legen nach 13 Schuljahren das Zentralabitur Niedersachsens ab. Wir sind eine Schule mit Tradition und UNESCO-Projektschule. Wir setzen auf eine umfassende akademische Bildung und fördern die Persönlichkeitsentwicklung unserer Schüler*innen.

Die Schule Marienau liegt vor den Toren Hamburgs im Landkreis Lüneburg und zeichnet sich durch ein großzügiges Wald- und Freigelände aus. Die Schüler*innen wachsen in einer gesunden Umgebung auf, die Teil unseres pädagogischen Konzeptes ist.

UNSER ANLIEGEN

Wir möchten unsere Schüler*innen als weltoffene, umsichtige und gefestigte Persönlichkeiten entlassen. Die beste Vorbereitung auf ein Leben in unserer globalen Welt ist das Zusammenleben in einer internationalen Gemeinschaft.

Als UNESCO-Projektschule leben wir dies täglich durch unsere internationalen Schüler und zahlreiche Austauschbeziehungen. Weltgewandt, kompetent und wertschätzend im Miteinander, das ist das Zusammenleben in Marienau.

LERNEN

In kleinen Lerngruppen haben unsere Schüler*innen ausgezeichnete Lernbedingungen. Die Curricula des Landes Niedersachsen werden in Klassen mit durchschnittlich 16 Schüler*innen vermittelt. Die Fähigkeit, gelernte Inhalte zu verknüpfen und frei zu präsentieren, trainieren wir von Klasse 5 an. Schach als Unterrichtsfach, Lernmethodik und individuelle Lernformen schulen die Konzentration und Selbstorganisation unserer Schüler*innen.

Ab Klasse 7 binden wir das Arbeiten mit dem Tablet altersadäquat und systematisch ins Lernen ein. Sprachen, Natur- und Gesellschaftswissenschaften und Kunst können als Profil im Abitur gewählt werden. Sport ist als Prüfungsfach möglich. Die Unterrichtsräume sind hell und modern ausgestattet.

WOHNEN

Unser weitläufiges Gelände bietet den Kindern und Jugendlichen ein zweites Zuhause. Die unterschiedlichen Wohnbereiche werden von Mitarbeiter*innen betreut, die ebenfalls hier wohnen – oft mit ihren Familien. Die Schüler*innen leben in Doppel- bzw. in der Oberstufe in Einzelzimmern.

Die Hauseltern sind für Schüler*innen und Eltern erste Ansprechpersonen. Sie begleiten die Schüler*innen als Lehrkräfte und auch in den Lernzeiten am Nachmittag. In vertrauensvoller Zusammenarbeit steht bei uns die positive Entwicklung der Kinder und Jugendlichen an erster Stelle.

ARBEITSGEMEINSCHAFTEN

Unsere Schüler*innen profitieren von einem reichhaltigen Angebot an AGs, die sie als Freizeitaktivität oder zur besonderen Förderung ihrer Talente nutzen können. Sportlich, musikalisch und kreativ zu sein, ist prägend und bedeutsam für die Entwicklung junger Menschen. Es ist uns wichtig, diesen zusätzlichen Raum zur Entfaltung zu bieten.

Marienau bietet Reiten, Trampolin, Golf, Klettern, Fußball, Hockey, Bogenschießen und viele weitere sportliche AGs. Unsere Außenanlagen bieten hervorragende Bedingungen: moderner Sportplatz mit Kunstrasenplatz, Laufbahn, Tennisplatz und Beachvolleyballfeld. Freibad und Golfplätze in der nahen Umgebung.

Zum Portfolio gehören aber auch Tischlerwerkstatt, DIY, Mappenkurs Kunst, Bühnentechnik, Chor und Band. Einige unserer AGs stellen besondere Herausforderungen, z. B. durch die Teilnahme an Wettbewerben. Kurz: Auch außerhalb des Unterrichts ist das Leben in der Marienauer Gemeinschaft reichhaltig.

WWW.MARIENAU.DE

Siehe ausführliche Angaben auf **Seite 174** (Niedersachsen)

Willkommen im *LernZuhause*

Lebendiges Lernen und gesundes Leben in vertrauensvoller Umgebung und angenehm normaler Atmosphäre. Mitten in St. Peter-Ording. Direkt an der Nordsee. Das ist das Nordsee-Internat.

Wir unterstützen Ihr Kind beim Lernen, Lernen lernen und bereiten es nachhaltig auf das Leben vor. Schule und Internat sind bei uns bewusst eigenständig - für ein besonders vertrauensvolles, aber unabhängiges Verhältnis zwischen Schülern und Pädagogen.

Außerdem können wir so alle erreichbaren Schulformen und -abschlüsse anbieten – von der ersten bis zur letzten Klasse. Für das Abitur haben unsere Schüler sogar neun Jahre Zeit. Und der Erfolg gibt uns Recht: 98 % Prozent unserer Schüler erreichen mindestens den angestrebten Schulabschluss und jeder Dritte sogar den nächst Höheren.

Dazwischen gibt es jede Menge Freizeitmöglichkeiten an der gesunden Seeluft, wie Strandsegeln, Kitebuggyfahren, Kitesurfen oder Strandausritte und viele verschiedene Gemeinschaftsveranstaltungen.

Außerdem kommen, in Zusammenarbeit mit dem renommierten Goethe-Institut, regelmäßig Jugendliche aus aller Welt auf den Campus-Nordsee, um Deutsch zu lernen. Eine gute Vorbereitung, um selber andere Länder und Kulturen kennenzulernen, zum Beispiel bei einer Klassenfahrt nach Großbritannien, Frankreich oder Italien oder bei einem mehrmonatigen Auslandsaufenthalt in Neuseeland.

Abitur nach Klasse 13
G9

www.Nordsee-Internat.de
Tel.: 04863 / 4711-0
Für ausführliche Angaben siehe Seite 222 (Schleswig-Holstein)

SCHLOSS NEUBEUERN
CHARAKTERSTARK. EINZIGARTIG. WELTOFFEN.

Das Internatsgymnasium Schloss Neubeuern – „Deutschlands modernste Schule" *(Galileo)*

Schloss Neubeuern ist ein staatlich anerkanntes Internatsgymnasium mit naturwissenschaftlich-technologischem und wirtschaftswissenschaftlichem Profil und der zusätzlichen Möglichkeit, Spanisch als dritte Fremdsprache zu erlernen. Rund 230 Schülerinnen und Schüler leben in einer familiären Gemeinschaft von Internats- und Tagesschülern, deren emotionale Verbundenheit oft ein Leben lang hält. Schloss Neubeuern zielt auf die Vermittlung von zukunftsorientiertem Wissen ab. So ermöglichen kleine Klassen mit maximal 15 Schülern innovatives Lernen und eine individuelle Förderung entsprechend ihres jeweiligen Leistungsvermögens.

Digitaler Unterricht – Neue Perspektiven und räumlich unabhängig
Alle Klassenzimmer sind mit Datenprojektor, Wireless Display Adapter, Apple TV und Gigabit-WLAN ausgestattet, um einen interessanten und mediengestützten Unterricht zu ermöglichen und fachbezogen die heute notwendigen IT-Kenntnisse zu vermitteln. Schon ab Klasse 5 sammeln die Schüler intensive IT-Erfahrungen auf ihren Schul-iPads, die ihnen im Unterricht, aber auch bei den Hausaufgaben und in der Freizeit zur Verfügung stehen. Ab der 9. Klasse stellt die Schule den Unterricht komplett auf das Arbeiten mit einem Tablet-PC um. Das erlaubt die strukturierte und fächerübergreifende Ablage schulischen Wissens. Es entsteht insgesamt eine interaktive und multimediale Lernumgebung, die eine Abkehr vom klassischen Frontalunterricht erlaubt und ganz neue didaktische Möglichkeiten eröffnet – Kompetenzen, die sogar einen unterbrechungsfreien und effizienten Distanzunterricht ermöglichen.

Global Thinking
Ein starker Berufsweltbezug mit Schwerpunkt in der 10. Klasse und hochkarätigen Praktika bei ehemaligen Schülern öffnet den Schülern den Blick für die Welt von morgen. Spannende Vorträge von Referenten mit ungewöhnlicher Karriere, Videokonferenzen mit Firmen aus der ganzen Welt und berufsbezogene Profilfächer unterstützen die Persönlichkeitsbildung. Schon in der Unterstufe wird durch das zusätzliche Profilfach „Entrepreneurship" spielerisch ein Gefühl für die Realität der Berufswelt vermittelt. Ein weltweiter Schüleraustausch und die Internationale Abteilung integrieren die etwa 60 Schüler aus rund 15 Nationen erfolgreich in die Internatsgemeinschaft und bereiten damit alle Schüler auf Kulturbegegnung und kulturelle Intelligenz vor – eine zentrale Herausforderung unserer globalisierten Welt.

Förderung sozialer Kompetenz
Die intensive Beschäftigung mit Werteerziehung hat auf Schloss Neubeuern insgesamt einen sehr hohen Stellenwert. Soziales Engagement wird großgeschrieben und manifestiert sich z.B. in verpflichtenden Sozialdiensten und der integrativen Klassenfahrt der 9. Klassen. Teamsportangebote mit Schulmannschaften im Tennis, Klettern, Mountainbike, Fußball, Basket- und Volleyball schaffen ein besonderes Gemeinschaftsgefühl. Künstlerisch-musische, handwerkliche und soziale Freizeit- und Wochenendangebote sorgen für Abwechslung und Entspannung und bringen wertvolle Erfahrungen und Kenntnisse für das spätere Leben.
Schloss Neubeuern erzieht seine Schüler in einer harmonischen Balance aus Tradition und Innovation – mit viel Zuwendung, Förderung und Unterstützung, aber auch mit einem sehr hohen Grad an Konsequenz und klaren Forderungen an Verantwortungs- und Leistungsbereitschaft.

Schloss Neubeuern – Internats- und Tagesschule
Schlossstraße 20, 83115 Neubeuern, Tel.+49 (0) 8035-9062-0
info@schloss-neubeuern.de, **www.schloss-neubeuern.de**

Siehe ausführliche Angaben auf **Seite 134** (Bayern)

Siehe ausführliche Angaben auf **Seite 198–199** (NRW)

Mit Blick auf die denkmalgeschützte Villa Wewersbusch offenbart sich dem Besucher noch nicht, dass es sich hier um eine der modernsten Schulen Deutschlands handelt.

Keine schweren Schulbücher werden durch die Gänge geschleppt, keine Hefte kämpfen eingeengt im Tornister gegen Eselsohren. Schüler der Klassen 5 bis 13 erleben hier tagtäglich die digitalkompetente Schule.

Neben dem klassischem Schulwissen stehen Kommunikation, Kollaboration, Medien- und Informationskompetenz sowie Kreativität und kritisches Denken auf dem Stundenplan.
Alle Lernräume der rund 250 Schüler verfügen über Whiteboard, Beamer, Apple-TV und einem flächendeckenden Gigabit W-LAN. Jeder Schüler ist dazu mit einem eigenem iPad ausgestattet, das ständiger Lernbegleiter ist.

„Wir arbeiten in unseren Klassen fast ausschließlich digital. Und das bedeutet weit mehr, als einfach nur papierbasierte Schulliteratur in eine digitale Form zu bringen.“, sagt Geschäftsführer Florian Kesseler.

Villa Wewersbusch - Ganztagsschule und Internat - www.villawewersbusch.de
Wewersbusch 15 42555 Velbert-Langenberg

Distinguished School

Recognised by Apple as a distinguished school for continuous innovation in learning, teaching, and the school environment.

VDP
Verband Deutscher Privatschulen Nordrhein-Westfalen e.V.

Fächer wie „Grafik & Design“ und „Medienkompetenz“ bereiten auf die Anforderungen der digitalen Welt vor. Einen großen Wert legt die Villa Wewersbusch auf die Vermittlung von Allgemeinwissen und die mündige Diskussion des aktuellen Weltgeschehens. Ein Schultag beginnt daher immer mit der Analyse der Tagesnachrichten.

Die Villa Wewersbusch nimmt eine Vorreiterrolle in der Digitalisierung Deutschlands ein und gehört für ihre Innovationen in Lehre und Ausstattung als eine von nur wenigen Schulen weltweit zum Exzellenz-Netzwerk „Apple Distinguished School“.

Weitere Informationen zur Schule entnehmen Sie unser Webseite.

Die Klassen haben im Durchschnitt eine Größe von 16 Schülern. In den Fremdsprachen steht den Fachlehrern ein „native speaker“ als Assistent zur Seite.

„Der alltägliche und selbstverständliche Umgang mit Fremdsprachen ist wohl der beste Weg, diese spielerisch und nachhaltig zu erlernen“, so Kesseler.

Auch in den Naturwissenschaften werden durch modernste Technologien, wie 3D-Druckverfahren, digitale Datenanalyse und einen stark auf Experimente ausgerichteten Unterricht Maßstäbe geschaffen.

- kleine Klassen mit durchschnittlich 16 Schülerinnen und Schülern
- kein Unterrichtsausfall
- innovatives Förder- und Forder-Programm in allen Fächern
- individuelle Talententwicklung, Beratung und Förderung
- Unterricht mit modernsten Technologien und Methoden
- Ein Internat, das zur Heimat wird.

Telefon 02052 9266291-0
kontakt@villawewersbusch.de

160 Ländern bei uns die deutsche Sprache. Ein sorgfältiger Test am ersten Kurstag garantiert die niveaugerechte Einstufung.

Unabhängig davon, ob ein Schüler bereits Vorkenntnisse hat oder nicht:
Wir bieten für jeden Schüler die richtige Klasse!

Der Wechsel ans Gymnasium

Bereits nach dem erfolgreichen Abschluss der Niveaustufe B2 können unsere Schüler an eine Internatsschule wechseln, oder sie besuchen einen zusätzlichen 5-wöchigen Kurs zur fachspezifischen Vorbereitung auf den Schulbesuch.

Lindenberg

Das Internatsleben

Alle Schüler sind in modernen Ein- und Zweibettzimmern mit Dusche und WC untergebracht. Beide Kursorte liegen in einer wunderschönen Umgebung und bieten die für die Altersgruppe notwendige Sicherheit.

Die Häuser verfügen über eine hervorragende Infrastruktur mit Sportplätzen, Schwimmbad, Kletterwand, Sauna, Internet, Fernsehraum, großzügigen Außenanlagen und vielfältigen Freizeitmöglichkeiten. Kulinarisch verwöhnt werden die Schüler mit ausgewogenen Mahlzeiten, zubereitet von unseren erfahrenen Küchenchefs.

In den Kursgebühren sind nicht nur die Kosten für den Unterricht, sondern auch für Unterkunft, Verpflegung (Vollpension), Unterrichtsmaterial, Freizeitprogramm, Ausflüge, Eintrittsgelder und eine zuverlässige Rund-um-die-Uhr-Betreuung enthalten.

Wir garantieren raschen Lernerfolg durch:

- Kleine Klassen mit ca. 10 Schülern
- Intensiven Unterricht mit 30 UE/Woche
- Regelmäßige Leistungskontrollen
- Tägliche Hausaufgaben- und Lernzeiten
- Hervorragend ausgebildete Lehrkräfte
- Gemeinsames Leben im Internat mit abwechslungsreichem Freizeit-, Kultur- und Ausflugsprogramm
- Deutschsprachige Umgebung

Für ausführliche Angaben siehe Seite 87 (Bad Schussenried) und Seite 128 (Lindenberg)

2021 WIRD DEIN JAHR

VIELFALT FÖRDERN. PERSÖNLICHKEIT ENTFALTEN.

Bei uns auf **SCHLOSS HEESSEN | Privatschule und Internat** besuchst Du einzelne Klassen, Leistungs- und Grundkurse mit durchschnittlich nur 12 Schülerinnen und Schülern. Die **geringe Schülerzahl** und unser **breites Betreuungs- und Förderangebot** ermöglichen es Dir, Deine **Stärken optimal auszubauen** und gezielt an Deinen Bedürfnissen zu arbeiten.

Uns ist wichtig, dass Du die Möglichkeit bekommst, das **Beste aus Dir herauszuholen**. Damit wir uns auf Dich und **Deine Wünsche** optimal einstellen können, freuen wir uns immer, **persönlich ins Gespräch kommen**.

Scanne einfach den nachstehenden QR-Code und wir melden uns so schn
wie möglich bei Dir zurück!

EINFACH SCANNEN UND WIR MELDEN UNS BEI DIR ZURÜCK!

SchlossHeessen

SchlossHeessen1957

Siehe ausführliche Angaben auf **Seite 189** (NRW)

Siehe ausführliche Angaben auf **Seite 86** (Baden-Württemberg)

Schülerinnen und Schüler bewegt durch das Jahr begleiten

„Kästler sein -
Unterstützung
im Lernen erfahren,
Talente entdecken und entfalten,
Spaß an Bewegung und Sport erleben,
im Alltag unserem Glauben begegnen,
Gemeinschaft spüren,
zusammen erwachsen werden
und Lebensfreude weitergeben."

BISCHÖFLICHES INTERNAT
MARIA HILF
BAD MERGENTHEIM

EINE EINRICHTUNG DER MARCHTALER INTERNATE
MIT KOPF, HERZ UND HAND

Siehe ausführliche Angaben auf **Seite 192** (NRW)

Siehe ausführliche Angaben auf **Seite 119** (Bayern)

Internat Max Reger

„Uns verbindet mehr als Schule!“

Lernen lernen – Verantwortung übernehmen – den Übertritt erleichtern
Chancen entdecken – Gemeinschaft erleben – Freizeit sinnvoll gestalten

- ✓ Staatliches Internat für alle weiterführenden Schulen Bayerns
- ✓ Individuelle Lernförderung in kleinen Gruppen
- ✓ Förderung musischer, künstlerischer und sportlicher Talente

Staatliches Internat Max Reger
Max-Reger-Gymnasium
Kaiser-Wilhelm-Ring 7
92224 Amberg/Opf.
0 96 21/47 18-51
www.internat-amberg.de
info@internat-amberg.de

Vorwörter & Verbände

Das ABC der Internate

• **A**usgezeichnete Bildung • **B**eschützender Rahmen • **C**lub of best friends

Ein Beitrag von Silke Mäder, Psychotherapeutin für Kinder und Jugendliche

Silke Mäder

Der Begriff „Helikopter Eltern" ist ein Modewort geworden. Gemeint sind damit Eltern, die über ihrem Kind, ihren Kindern schweben, alles beobachten, beurteilen und steuern möchten, was das Leben des Kindes angeht. Ist das bedenklich? Eigentlich nein, denn alle Eltern sollten die Verantwortung für ihren Nachwuchs übernehmen.

Verantwortung übernehmen bedeutet schon immer, den Kindern auch die besten Möglichkeiten einer Ausbildung und Bildung zu geben. Und gleichzeitig ihnen eine Freizeit zu ermöglichen, die Sport, Freundschaft, Erlebnis, Diskurs mit Gleichaltrigen erlaubt. Vor allem, die es unterstützt, dass das Kind in allen seinen Möglichkeiten gesehen wird.

Ich denke, dass gerade Eltern, die „über" ihren Kindern schweben, erkennen werden, dass sie bei der Bildung für ihren Nachwuchs nichts Besseres finden, als ihrem Kind eine Schulzeit in einem Internat zu schenken.

Gut geführte Internate, und das sind die bei uns vorgestellten, fördern und fordern ihre Schüler zielgenau, schaffen für Kinder/Jugendliche soziale Kompetenz, die Fähigkeit zur Kommunikation, das Interesse für und – in geschützten Räumen – auch Bereitschaft zur Auseinandersetzung und zum täglichen Neuen.

Doch wie können Eltern wissen, wieviel Förderung ihr Kind braucht?

Mit Schuleintritt ist es Kindern wichtig, im Klassenverband integriert und anerkannt zu werden, einen „guten Platz" in der Klasse zu haben. Mit zunehmendem Alter bekommen Freunde einen sehr hohen Stellenwert, denn die meisten Freundschaften entstehen an den Schulen. Von ihren Eltern möchten sie Interesse spüren, möchten „gesehen werden" und doch auch klare Strukturen, Grenzen, konsequente und gerechte Folgen erfahren. Wie und wo können nun die Wünsche und Bedürfnisse sowohl von den Kindern/ Jugendlichen als auch von den Eltern „erfüllt" werden? Meine Antwort lautet: Im Internat!

Immer mehr Jugendliche verstehen und schätzen die Sinnhaftigkeit einer umfassenden Bildung im Internat. Junge Leute informieren sich oft eigenständig über Zugangsvoraussetzungen, Schwerpunkte und Besonderheiten der verschiedenen Einrichtungen.

Wenn wir die Fragen analysieren, die über das Internate-Handbuch oder das internate-portal.de an den Verlag herangetragen werden, so stellen wir gerade in den letzten Jahren fest, dass fast die Hälfte der Anfragen inzwischen von den Jugendlichen selbst kommen.

Jugendliche wissen sehr genau, dass sie heute eine gute Ausbildung und ein gutes Netzwerk benötigen. Und das ermöglicht im Besonderen das Leben im Internat.

Die Zeiten scheinen vorbei zu sein, in denen ein Internatsbesuch negativ besetzt gewesen ist. Die Jugendlichen wissen um diese Chance, um dieses besondere Privileg. Im angelsächsischen Raum kann sich eine verantwortliche Familie kaum vorstellen, dass ihre Kinder nicht in den Genuss einer Internatsausbildung kommen sollen.

Und wie schaut das Leben im Internat aus?

Durch die vielfältigen Freizeit- und Fördermöglichkeiten, die in den meisten Internaten geboten werden, bleibt wenig Raum für Langeweile.

Beschäftigungen wie Computerspiele und TV-Berieselung kommen nur in ausgewählten Zeiten vor und werden auch von den Kindern und Jugendlichen selbst als sekundär betrachtet.

Schule und Hausaufgaben sind eng mit dem Internatsleben verknüpft, so dass in vielen Internaten eine gute Betreuung und Unterstützung gewährleistet sind.

Auch die kleineren Klassen, die besser ausgestatteten Klassenzimmer und das größere Angebot von pädagogischen Konzepten lassen Schule in einem sehr interessanten Licht erscheinen.

Das Thema „Freunde" nimmt auch bei den Internatsschülern mit den wichtigsten Stellenwert ein. Im Internat lebt man mit Gleichaltrigen in einer Gemeinschaft zusammen. Es wird zusammen gelacht, geteilt, gelernt und bei alldem werden wichtige Erfahrungen gesammelt und lebenslange Freundschaften geschlossen.

Gleichzeitig stelle ich immer wieder fest, wie stark und eng doch die Verbindung zum Elternhaus ist. Die Beziehung zu den Eltern ist durch das Ausbleiben der täglichen Streitpunkte oft entspannter. Eltern müssen nicht mehr ständig auf die konsequente Umsetzung von Regeln achten und können das Leben ihrer Kinder im Internat positiv begleiten. Deshalb ist es wichtig, dass Internate nicht als „letzte Instanz" gesehen werden, sondern als „besonderer Glanzpunkt" einer guten Erziehung und Bildung.

Machen Sie sich zusammen mit Ihrem Kind auf die Suche nach einem guten Internat! Ein Internat, in dem Ihr Kind in den unterschiedlichsten Bereichen gefördert wird und in dem sich Ihr Kind unter Gleichaltrigen wohl fühlt.

Gerade für Jugendliche hat die Peergroup einen ganz besonderen Einfluss. Um so wichtiger, das Leben in der Clique im Blick zu behalten und sich zusammen mit den Jugendlichen außerhalb der Schule auseinanderzusetzen, Werte zu vermitteln, Positionen zu beziehen und standzuhalten. Solch ein intensiver Austausch kann in dieser Form nur in einem Internat stattfinden.

Es ist den vielen sich ausführlich darstellenden Internaten zu verdanken, dass dieses Buch bei der Auswahl nach ideellen und pädagogischen Schwerpunkten für Sie eine gute Hilfe sein wird. Aber auch der Überblick über mehr als 300 deutsche Internatsadressen (alle uns bekannt gewordenen Internate wurden in diesem Buch kostenlos aufgenommen) und die 45 Internate in der Schweiz ermöglicht eine wirkliche Bestandsaufnahme der Heimerziehung. Es liegt in der Verantwortung der Eltern, sofern sie sich für diesen Weg entschieden haben, die richtige Auswahl für ihr Kind zu treffen. Nehmen Sie sich Zeit. Denken Sie daran, dass das nahe gelegenste Internat nicht unbedingt das beste ist.

Im Gegenteil. Eine zu große Nähe muss sogar von Nachteil sein. Das Kind kann gewohnte Strukturen verlassen und sich ganz in die pädagogischen Notwendigkeiten in der neuen Umgebung einfügen können. So fällt es Pädagogen vor Ort wesentlich leichter, die Fähigkeiten der Heranwachsenden zu optimieren.

Mein Rat an Sie: Schmökern Sie in diesem Buch. Gehen Sie vorurteilsfrei an die Internate in unterschiedlicher Trägerschaft heran. Lassen Sie sich durch konfessionelle oder finanzielle Aspekte etc. nicht abhalten, die einzelnen Schulen im Sinne Ihres Kindes zu prüfen. Es bleibt festzuhalten, dass auch im Bereich der Pädagogik genau verglichen werden sollte. Schauen Sie zuerst nach dem Angebot und dann nach dem Preis.

Ich möchte an dieser Stelle ausdrücklich erwähnen, dass einige Internate Stipendien vergeben. Bitte erkundigen Sie sich bei den von Ihnen ausgewählten Internaten. Auch möchte ich Sie darauf hinweisen, dass sich unter bestimmten Voraussetzungen Jugendämter an den Kosten beteiligen oder sie gar ganz übernehmen. Informieren Sie sich beim Finanzamt über die steuerlichen Vorteile eines Internatsbesuchs.

Treffen Sie anhand des Buches eine erste Vorauswahl und besorgen Sie sich dann ausführliche Informationsmaterialien über www.internate-portal.de. Die Internate stellen sich auch über ihre Homepage im Internet vor.

Vereinbaren Sie bei den von Ihnen ausgewählten Internaten einen Termin vor Ort. Lassen Sie sich in Ruhe alles zeigen. Fragen Sie, ob sich Ihr Kind allein mit anderen Internatsschülern unterhalten kann. Einige Internate bieten „Schnuppertage" oder Sommercamps an.

In Gesprächen mit Verantwortlichen von Schulen und Verbänden haben sich folgende Fragen für eine qualifizierte Entscheidung ergeben:

Im schulischen Bereich:

- Welche Schulabschlüsse sind möglich?
- Ist nach dem Internatsbesuch in einem anderen Bundesland für das Kind ein Wiedereinstieg in eine Schule im Heimatbundesland möglich?
- Gibt es Patenschaften für die Neuankömmlinge?
- Gibt es Leistungskurse?
- Wie ist das Lernen organisiert?
- Gibt es betreute Räume für die Hausaufgaben oder lernt jeder allein auf seinem Zimmer?
- Sind während dieser Zeit ein Lehrer oder Erzieher anwesend/erreichbar?
- Lernt das Kind, selbstständig zu lernen?
- Gibt es einen geregelten Alltag?
- Findet eine Zusammenarbeit zwischen Schule und Internat statt?
- Werden Erzieher/Mentoren bei Lehrerkonferenzen mit einbezogen?
- Wie viele Lehrer und Erzieher sind für die Kinder da – wie ist der Lehrerschlüssel?
- Wie ist das Zahlenverhältnis von internen und externen Schülern?

Freizeitangebot:

- Wie sieht das Freizeitangebot aus?
- Kosten die Freizeitangebote extra?
- Von wem werden die Freizeitangebote betreut?
- Gibt es einen handwerklich-künstlerischen, sportlichen, sozialen Bereich?
- Welche Konsequenzen hat eine Nichteinhaltung der Hausordnung?
- Wie sieht der Ausgang am Wochenende aus?

Allgemeine Fragen:

- Wie sieht der Speiseplan aus?
- Gibt es vegetarisches/veganes Essen?
- Wie lernen die Kinder, Verantwortung zu übernehmen?
- Wird das Thema Drogen angesprochen? Gibt es ein Drogenkonzept?
- Steht für Krisensituationen ein Psychologe zur Verfügung?

Spätestens wenn eine Vorauswahl von 2–3 Internaten gefallen ist, sollten die Kinder in den Prozess einbezogen werden. Alle die Gründe, die aus Ihrer Sicht für ein Leben im Internat sprechen, werden dargelegt. Ein Internatsaufenthalt sollte vom Kind nie als Strafmaßnahme empfunden werden. Einige familientherapeutische Hilfen möchte ich Ihnen für die Vorbereitung auf die neue Schule mitgeben:

- Fragen Sie Ihr Kind nach seinen Ängsten und Sorgen in Bezug auf ein Internat.

- Besprechen Sie, wie sich Ihr Kind während des Aufenthalts Kontakt mit Ihnen – und seinen Geschwistern – wünscht.

- Wie sehen die Wochenendheimfahrten aus?

- Was könnten die anderen Familienmitglieder tun, dass sich Ihr Kind von Anfang an in seiner neuen Umgebung wohl fühlt?

- Wie hält Ihr Kind Kontakt zu seiner heimatlichen Clique, zu seinen bisherigen Bekannten und Freunden?

Besondere Beachtung sollten die ersten Wochen in einem Internat finden. In dieser Zeit werden die Weichen für die Nutzung dieses Angebotes gestellt.

Es kann sein, dass Neue im Internat zunächst mit bestimmten „Aufnahmeprüfungen" von Mitschülern konfrontiert werden. Dies können Hilfsdienste beim Essen, Einführungsprozedere zur Gruppenaufnahme etc. sein. Sie können – wenn möglich – telefonisch beratend zur Seite stehen. Stärken Sie Ihrem Kind den Rücken. Es wird sich danach sehr bald in die Gemeinschaft integriert fühlen (und sich in der Regel in gleicher Weise an der Tradition gegenüber Neuankömmlingen beteiligen).

Wenn Ihr Kind sehr starkes Heimweh bekommt, vereinbaren Sie eine Mindestaufenthaltsdauer von ca. 3–4 Monaten, während der sich in der Regel das natürliche Heimwehgefühl in ein Gefühl des Wohlbehagens umwandelt. Sollte nach der vereinbarten Zeit immer noch der Wunsch des Kindes vorhanden sein, das Internat verlassen zu wollen, ist ein gemeinsames Gespräch zwischen Eltern, Kind und Internatsleitern ratsam.

Vielleicht können durch praktische Veränderungen – etwa ein neuer Zimmerkollege oder eine neue Klasse – die

Schwierigkeiten ausgeräumt werden. In seltenen Fällen ist es auch vorstellbar, dass ein Internatswechsel angebracht ist und dadurch den Bedürfnissen des Kindes mehr entsprochen wird. So kann z.B. ein introvertiertes Kind ein Internat mit starker familiärer Atmosphäre, weniger Schülern etc. bevorzugen. Die bisher gemachten Internatserfahrungen können dann auf das neue Internat übertragen werden.

Das Leben im Internat führt erfahrungsgemäß zu lebenslangen Bindungen und Freundschaften. Gerade dieser interkommunikative Aspekt kann für das spätere Leben des Kindes von unschätzbarem Vorteil sein und öffnet Ihrem Kind das „Tor zur Welt".

In Deutschland sind die meisten Internate in verschiedenen Internatsverbänden und -vereinigungen zusammengeschlossen, die sich jedoch in den Zielsetzungen und Schwerpunkten unterscheiden. Jedoch für alle Internate gilt: Für das Kind immer das Beste im Blick.

Im Anschluss stellen sich alle Verbände/Vereinigungen selbst vor. Vergleichen Sie dabei die unterschiedlichen Ausrichtungen.

Unser Internate-Führer versteht sich als Bindeglied zwischen Eltern, Schülern und dem breiten Angebot der Internate/Schulen. Wir möchten Sie mit unserem Buch „rund um das Thema Internate" informieren.

Sie bekommen hier sowohl Informationen über die verschiedenen Internate (die wir innerhalb der Bundesländer nach dem Ortsalphabet geordnet haben) wie auch über die verschiedenen Verbände und über die Internatsberatungen.

Da Bildung über das Abitur hinaus geht, haben wir auch ausgewählte Hochschulen aufgenommen.

Das Buch entstand nach gründlicher Recherche und wir hoffen damit einen Beitrag zum Bildungs-/Ausbildungswesen zu leisten. Das Buch wird als Standardwerk jährlich überarbeitet.

Silke Mäder
Psychotherapeutin für
Kinder und Jugendliche,
Systemische Familientherapeutin

Das Internatsleben erfüllte alle Erwartungen

Ein Beitrag von Felix Fröhlich

Felix Fröhlich

Ende der zehnten Klasse fasste ich den Entschluss, ins Internat zu gehen. Ich hatte den Drang nach neuen Begegnungen und neuen Erfahrungen. Ich wollte aus dem gewohnten Umfeld raus, nicht aus Unzufriedenheit, sondern vielmehr aus Neugier, was es noch alles zu entdecken gab.

Meine Erwartungen waren hoch, an die Schule wie auch an mich selbst. Vor allem erwartete ich eine gute Gemeinschaft, eine Vielzahl von AGs sowie eine angenehme Lernatmosphäre, soweit man sich das als Schüler wünschen kann. All diesen Ansprüchen wurde das Internat mehr als gerecht.

Aus Erzählungen von Freunden wusste ich, dass es strenger und gesitteter zugehen würde, als ich es gewohnt war. Doch so extrem hatte ich es mir niemals ausgemalt, doch das soll nicht negativ gemeint sein, ganz im Gegenteil.

Der ganze Tag ist durch einen vorbestimmten Ablauf geprägt, in dem man wenig Zeit für sich selber findet, weil immer was geht. Aber diese Abläufe lassen einen auch disziplinierter werden, weil, wie ich finde, man als Jugendlicher mit klaren Regeln und Aufgaben besser zurecht kommt als mit zu vielen Freiheiten.

Das hat mich in meinem Lernverhalten und auch im Umgang mit meinen Mitmenschen sehr viel weiter gebracht.

Anfangs viel es mir schwer, mit einem

Fremden mein Zimmer zu teilen, es gab viele Probleme und Streitigkeiten. Doch die positiven Aspekte überwogen bei weitem. Wo es anfangs wegen Kleinigkeiten zum Streit kam, entwickelte sich eine Normalität.

Da man sich Tag und Nacht sieht, muss man lernen, miteinander auszukommen, wenn man den Punkt einmal überschritten hat. Es folgen Freundschaften, die extrem persönlich sind und, wie man oftmals sagt, ein Leben lang halten.

Mein Horizont hat sich auch enorm erweitert durch die Menschen aus verschiedenen Bundesländern und zum Teil aus anderen Staaten dieser Erde. Man lernt neue Gewohnheiten kennen, zudem bekommt man ein Gefühl der Internationalität. Dies verändert den Blick auf viele Dinge wesentlich und man lernt vor allem sehr viel über andere Sitten und Gewohnheiten.

Somit hat mich die Schulzeit für meinen weiteren Werdegang wesentlich geprägt und zum Positiven entwickelt.

Felix Fröhlich
ehemaliger Internatsschüler

Im Internat das Leben lernen?

Ein Beitrag von Prof. Dr. Volker Ladenthin

Prof. Dr. Volker Ladenthin

Manchmal wird etwas längst Abgelegtes hochaktuell: Auf dem Höhepunkt der Krise empfahl die Bundesregierung als eine der wichtigsten Maßnahmen, neben dem Lüften: „Hände waschen!" Eine Regierung muss ihren Bürgern empfehlen, die Hände zu waschen?
„Nach dem Klo und vor dem Essen/ Händewaschen nicht vergessen!" habe ich als Steppke in der damaligen Volksschule gelernt; offensichtlich nachhaltig. Und ebenso offensichtlich wurden seitdem die bundesdeutschen Lehrpläne so durchgelüftet, dass man in den Schulen vieles lernt, nur nicht, was in der Krise als wichtigste Maßnahme öffentlich propagiert wurde: Schlichte Alltagsregeln.
Die Internate lehren diese Regeln aber sehr gewissenhaft. Im Internat wird nämlich auch der Alltag zum Lehrplan. Und zwar deshalb, weil ein Internat vom Eingang bis zum Ausgang, von der Grundidee bis zur letzten Heftzwecke, mit der die Internatsordnung ans Schwarze Brett montiert ist, alles durchdacht hat. Durchdacht – nicht verordnet. Das ist ein gewaltiger Unterschied: Ein Internat ist durchdacht, aber kein Haus der Vorschriften. Es gibt Regeln, „do's und don't's", wie man heute sagt – aber alles zielt darauf, die Internatler *selbsttätig selbständig* werden zu lassen. Damit ihnen keiner später, wenn wieder einmal eine Krise kommt, sagen muss, was sie tun sollen. Sie wissen es dann selbst. Sie haben es gelernt: „...Händewaschen nicht vergessen ...!"
Der Alltagslehrplan im Internat enthält nicht nur Mathe und Englisch, sondern auch (welch vor Corona schreck-

Das Internat im Schulsystem
Ein Lesebuch zum
Informieren und Diskutieren

Herausgeber:
u.a. Volker Ladenthin,
Kamil Gizenski, Alexandra Herbst
und Emma Seiltz,
Verlag für Kultur und Wissenschaft
(Culture and Science Publ.)
Dr. Thomas Schirrmacher

liches Wort!) Hygiene. Sauberkeit. Tischmanieren. Kurz: Umgang mit anderen. Im Internat wird der Alltag zum Lernanlass, und zwar deshalb, weil Pädagogen ihn durchdacht haben. Sie haben sich gefragt, was man bedenken muss, wenn 200, 300 oder mehr Menschen in einem Haus leben? Wie muss der Tagesablauf sein? Was soll man essen? Wie ist ein Ausgleich zwischen Körper und Geist, Anspannung und Entspannung zu regeln? Und wie lebt man auf eine Art miteinander, dass man sich nicht gegenseitig mit unangenehmen Krankheiten infiziert? Es ist die Grundlage jeden Internats, diese Fragen zu beantworten – und zwar so, dass die Internatler die Antworten lernen und im weiteren Leben nutzen konnten.

Das Internat macht etwas, was die Schule nicht macht: Das Internat macht den Alltag lernbar. Es befähigt, wenn man es politisch sagen will, zur umfassenden selbständigen *Daseinsvorsorge*, nach bestem pädagogischem Wissen und Gewissen. Dass man sich regelmäßig die Hände wäscht, war da längst vor der Krise eine gelernte Selbstverständlichkeit. Hätten doch mehr Menschen eine solche Bildung erfahren!

Prof. Dr. Volker Ladenthin
Lehrstuhl für Historische
und Systematische
Erziehungswissenschaften
an der Universität Bonn

Siehe auch Seite 11

Der Verband Katholischer Internate und Tagesinternate

Ein Beitrag von Dr. Oliver Niedostadek

Dr. Oliver Niedostadek

Katholische Internate und Tagesinternate aus Deutschland und der Schweiz haben sich im Verband Katholischer Internate und Tagesinternate (VKIT) organisiert, um sich zu vernetzen, fortzubilden und ihre Interessen in Staat, Kirche und Gesellschaft zu vertreten. Außerdem bietet der VKIT auch eine eigene, kostenfreie Beratungsstelle an, um Eltern und ihren Kindern bzw. Jugendlichen bei ihrer Suche nach einem passenden Internat zu unterstützen.

Die Angebote, die unsere Mitgliedseinrichtungen für ihre Schülerinnen und Schüler bereithalten, sind überaus vielfältig: in zeitlicher Hinsicht reicht ihr Angebot von Ganzjahresinternaten, bei denen die Jugendlichen nur in den Schulferien nach Hause fahren, über sog. Wocheninternate, deren Schülerinnen und Schüler in der Regel alle 14 Tage übers Wochenende nach Hause fahren, bis hin zu Tagesinternaten, deren Angebote nachmittags oder abends enden.

Aber auch ein Blick auf die inhaltliche Ausrichtung offenbart eine beeindruckende Bandbreite. Es finden sich Internate mit jahrhundertealter Tradition, die zur allgemeinen Hochschulreife führen, neben solchen, die speziell Berufsfachschülerinnen auf ihren Abschluss vorbereiten; (Tages-) Internate, die sich auf Kinder und Jugendliche mit Migrationshintergrund spezialisiert haben neben solchen, die besondere (z.B. sportliche oder musikalische) Begabungen ihrer Schülerinnen und Schüler professionell fördern; (Tages-)Internate, die an eine eigene Schule angeschlossen sind oder die vor Ort mit verschiedenen Schulen bzw. Schulformen kooperieren und so unterschiedliche Schullaufbahnen anbieten können etc.

Trotz aller Unterschiedlichkeit, gibt es aber etwas, das unsere Mitglieds-

Siehe auch Seite 11

einrichtungen eint und das die Grundlage bildet für ihre tägliche Arbeit mit den ihnen anvertrauten Kindern und Jugendlichen: nämlich das Ziel, den Schülerinnen und Schülern das auf ihren Lebensweg mitzugeben, was sie für ein selbstbestimmtes und gelingendes Leben benötigen. Katholische Internate und Tagesinternate gestalten ihre Bildungs- und Erziehungsarbeit deshalb so, dass die Kinder und Jugendlichen

- ihre Begabungen entdecken und weiter entfalten,
- ihre Umwelt mit Neugier selbstbewusst entdecken,
- Achtung vor der Würde des Menschen haben,
- für sich und andere Verantwortung übernehmen können und
- die Frage nach Gott wachhalten und sie den Glauben als sinnerfüllende Orientierungs- und Entscheidungshilfe erfahren.

Internate und Tagesinternate sind besondere Orte des Lernens und des sozialen Miteinanders. Ihre schulischen und außerschulischen Angebote erlauben nicht nur eine exzellente Schulausbildung, sondern sie geben den Schülerinnen und Schülern die Möglichkeit, um im Zusammenleben mit anderen ihre Sozialkompetenzen („social skills") zu stärken und die Internatsgemeinschaft als tragende Gemeinschaft zu erleben. Zudem helfen die Strukturen den Kindern und Jugendlichen dabei, ihre schulischen Ziele zu erreichen.

Der VKIT investiert viel Zeit und Mühen darauf, an der Professionalität und Qualifizierung der pädagogischen Arbeit seiner Mitgliedsinternate mitzuwirken. Demzufolge unterstützt er seine Mitgliedseinrichtungen durch Angebote in ihren Qualitäts- und Personalentwicklungs- sowie Profilbildungsprozessen. Regelmäßige Fortbildungen, Fachtage und Kongresse ermöglichen den fachlichen Austausch der Pädagoginnen und Pädagogen. Auf diesem Weg haben wir als Verband Qualitätskriterien für katholische Internate und Tagesinternate erarbeitet, die eine Rahmenordnung für

Siehe auch Seite 11

das pädagogische Handeln in den Mitgliedseinrichtungen liefern.

Wenn Sie mehr über unseren Verband oder unsere Mitgliedseinrichtungen erfahren möchten, besuchen Sie uns gerne auf unserer Homepage oder nehmen Sie Kontakt zu unserer Geschäftsstelle auf; wir stehen für Ihre Fragen gerne zur Verfügung.

Dr. Oliver Niedostadek
VKIT-Vorsitzender

Verband Katholischer Internate und Tagesinternate (VKIT) e.V.
Im Ort 13b
53343 Wachtberg
Homepage: www.vkit.de
oder: www.katholische-internate.de

VKIT Internatsberatung
Melanie Weingartz M.A.
Im Ort 13b
53343 Wachtberg
Tel. 02 28/24 01 16 78
E-Mail: info@katholische-internate.de

Siehe auch Seite 11

Mitgliedsinternate „Auf einen Blick"

Weitere Informationen zu den Internaten und Tagesinternaten finden Sie unter den jeweiligen Bundesländern

Katholische Internate in Baden-Württemberg:

Bischöfliches Internat Maria Hilf
Marienstraße 3
97980 Bad Mergentheim
Telefon 0 79 31/90 05-0
Internet: www.bimh.net

Kolleg St. Josef
Müllerstraße 8, 89584 Ehingen
Telefon 0 73 91/77 02-0
Internet: www.kollegstjosef.de

Musisches Internat Martinihaus
Sprollstraße 27, 72108 Rottenburg
Telefon 0 74 72/98 41-0
Internet: www.martinihaus.de

Konvikt Rottweil
humanistisch-musisches Internat
Johannsergasse 1
78628 Rottweil
Telefon 07 41/53 27-0
Internet: www.konvikt-rottweil.de
Kolleg St. Blasien e.V.
Fürstabt-Gerbert-Str. 14
79837 St. Blasien
Telefon 0 76 72/27-0
Internet: www.kolleg-st-blasien.de

Heimschule Kloster Wald
Von-Weckenstein-Straße 2
88639 Wald
Telefon +49 (0) 75 78/1 88-0
Internet: www.heimschule-kloster-wald.de

Katholische Internate in Bayern:

Studienseminar AUFSEESIANUM
Aufseßstraße 2, 96049 Bamberg
Telefon 09 51/5 19 26-0
Internet: www.aufseesianum.de

Internat und Tagesheim der Abtei Schäftlarn
82067 Kloster Schäftlarn
Telefon 0 81 78/79 20 od. -25
Internet: www.abtei-schaeftlarn.de

Campus Ettal – Gymnasium und Internat der Benediktiner
Kaiser-Ludwig-Platz 1
82488 Ettal
Telefon 0 88 22/74 66 10
Internet: www.ettal-campus.de

Internat St. Maria Kaufbeuren
Kemnater Straße 23
87600 Kaufbeuren
Telefon 0 83 41/90 75 12
Internet: www.crescentiakloster.de

Pädagogisches Zentrum
Schloß Niedernfels
Schlossstraße 39
83250 Marquartstein
Telefon 0 86 41/97 40-22
Internet: www.niedernfels.de

Fortsetzung der Mitgliedsinternate auf den folgenden Seiten.

Siehe auch Seite 11

Studienseminar
Albertinum – Tagesinternat
Westendstraße 300
81377 München
Telefon 0 89/7 10 46 13
Internet: www.albertinum-online.de

Tagesheim der Erzabtei St. Ottilien
St. Ottilien 31
86941 St. Ottilien
Telefon 0 81 93/71-560
Internet: www.tagesheim.ottilien.de

Institut der Ursulinen –
Offene Ganztagsschule in der
Form der Tagesbetreuung
Burggasse 40
94315 Straubing
Telefon 0 94 21/99 23-0 od. 99 23-57
Internet: www.ursulinen-straubing.de

Studienseminar St. Michael
München und Freising
Kardinal-Faulhaber-Straße 6
83278 Traunstein
Telefon 08 61/1 66 82-0
Internet: www.seminar-traunstein.de

Erzbischöfliche Stiftung St. Matthias
Wolfratshausen-Waldram mit
Gymnasium,
Kolleg und Fachoberschule
Seminarplatz 3
82515 Wolfratshausen
Telefon 0 81 71/9 98-0
Internet: www.sankt-matthias.de

Katholische Internate in Hessen:

Musisches Internat
der Limburger Domsingknaben
Bernardusweg 6
65589 Hadamar
Telefon 0 64 33/8 87-0
Internet:
www.limburger-domsingknaben.de
Tagesinternat für Jungen ab Klasse 1–13

Katholische Internate in Niedersachsen:

Mädcheninternat im St. Marienstift
Kellinghausen 1
49584 Fürstenau-Schwagstorf
Telefon 0 59 01/3 09-320
Internet:
www.marienschule-schwagstorf.de

Jungeninternat Thuine
Mühlenstraße 1, 49832 Thuine
Telefon 0 59 02/5 01-313
Internet: www.jungeninternat-thuine.de,
www.antoniusschule-thuine.de

Katholische Internate in Nordrhein-Westfalen:

Erzbischöfliches Internat für Jungen
Collegium Bernardinum
Nordwall 26
57439 Attendorn
Telefon 0 27 22/63 48 86-0
Internet: www.collegium-bernardinum.de

Siehe auch Seite 11

Aloisiuskolleg Externat
Elisabethstraße 18
53177 Bonn
Telefon 02 28/8 20 03-0
Internet: www.aloisiuskolleg.de

Collegium Josephinum Bonn – PM
Kölnstraße 413
53117 Bonn
Telefon 02 28/5 55 85-305
Internet: www.cojobo.de

Collegium Augustinianum Gaesdonck
Gaesdoncker Straße 220
47574 Goch
Telefon 0 28 23/9 61-0
Internet: www.gaesdonck.de

Internat Schloss Loburg
Loburg 15, 48346 Ostbevern
Telefon 0 25 32/8 71 59
Internet: www.die-loburg.de

Apostolische Schule der
Legionäre Christi e.V.
Linnerijstr. 25
53902 Bad Münstereifel
Telefon 0 22 53/54 69 20
Internet: www.apostolischeschule.de

Katholische Internate in Rheinland-Pfalz:

Ganztagsschule Maria Ward Schule
Cornichonstraße 1, 76829 Landau
Telefon 0 63 41/92 30 18
Internet: www.mws-landau.de

Katholische Internate in Sachsen:

Kapellknaben Institut
Wittenberger Straße 88, 01277 Dresden
Telefon 03 51/3 10 00 60
Internet: www.kapellknaben.de

Katholische Internate in der Schweiz:

Stiftsschule Engelberg
Benediktinerkloster 5, CH-6390 Engelberg
Telefon +41 (0)41/639 61 00
www.stiftsschule-engelberg.ch

am see – Das Mädcheninternat
CH-8645 Rapperswil-Jona
Telefon +41 (0)55/225 49 00
Internet: www.maedcheninternat.ch

Katholische Internate in der Österreich:

Schülerheim Don Bosco
A-6166 Fulpmes
Telefon +43 (0)650/6 22 49 11
Internet: www.schuelerheim-donbosco.at

Internate im Verband Deutscher Privatschulverbände (VDP)

VDP
VERBAND DEUTSCHER PRIVATSCHULVERBÄNDE e.V.
BILDUNGSEINRICHTUNGEN IN FREIER TRÄGERSCHAFT

Ein Beitrag von Dr. Klaus Vogt, Präsident des VDP

Dr. Klaus Vogt

Internate im deutschen Bildungssystem

Internate haben traditionell eine besondere Stellung in der deutschen Schullandschaft. Obwohl ihre Zahl im Vergleich zur Gesamtzahl allgemeinbildender Schulen relativ klein ist, genießen sie in der Öffentlichkeit hohe Aufmerksamkeit und hohes Ansehen.

Wie Schulen in freier Trägerschaft insgesamt bereichern auch die im Verband Deutscher Privatschulverbände e.V. (VDP) organisierten Internatsschulen die Bildungslandschaft: Sie setzen wichtige pädagogische Impulse und sind mit ihren innovativen Konzepten geeignete Antworten auf die Bildungsanforderungen einer zunehmend internationalisierten und globalisierten Welt. Sie sind einer ganzheitlichen Bildung verpflichtet, die kognitives Fachwissen mit Sozial- und Kulturkompetenzen verbindet.

Um diese Bildungsziele zu erreichen, sind, neben dem individuellen Unterricht, zahlreiche zusätzliche Angebote und Leistungen wie z.B. Mannschaftssport, Spiel- und Kreativangebote, Studienfahrten und Arbeit in Sozialprojekten wichtig.

Leben im Internat – Chance und Herausforderung

Das Leben im Internat ist nicht mit dem Leben in der eigenen Familie vergleichbar. Das Internat kann und will das Elternhaus nicht ersetzen. Im Internat gelten andere Regeln. Gleichzeitig bietet es jedoch viele Chancen für die individuelle Entwicklung der Kinder und Jugendlichen. Intensive gemeinsame Erlebnisse und gruppendynamische Prozesse stärken wirksam Selbstbewusstsein, Eigenständigkeit, Durchsetzungsvermögen und Hilfsbereitschaft. Kinder und Jugendliche lernen, sich in die Gemeinschaft einzuordnen, aber auch ihren Standpunkt zu vertreten und Kompromisse auszuhandeln.

In VDP Internatsschulen kommen Kinder und Jugendliche aus vielen Landesteilen mit verschiedenen sozialen Hintergründen und Nationen zusammen. Das stärkt die Sozialkompetenzen und lässt enge Freundschaften entstehen.

Darüber hinaus spielt eine lebendige und altersgerechte Erziehung eine große Rolle für die positive Entwicklung der Kinder und Jugendlichen. Dazu gehört es auch, sie bei ihren entwicklungsbedingten Krisen aktiv und kompetent zu begleiten.

Einbindung der Eltern

Die Erfolge des Zusammenlebens im Internat werden erst dann richtig wirksam, wenn ständiger Kontakt zum Elternhaus die Erziehungsarbeit der Internate unterstützt. Neben einer kontinuierlichen, persönlichen Kommunikation ist den VDP Internatsschulen die enge Zusammenarbeit mit den Eltern sehr wichtig. Die Eltern sollen immer über ihre Kinder informiert sein und auch aus der Ferne an den Erlebnissen ihrer Kinder teilhaben können. Zudem nehmen die VDP Internate gerne Anregungen der Eltern für ihre Erziehungsarbeit auf.

Auch bedingt durch eine nur unzureichende staatliche Finanzhilfe zum Unterrichtsbetrieb müssen Internate Schulgeld und Kosten für die Unterbringung erheben. Für viele Familien stellt dies eine hohe Belastung dar. Deshalb gewähren viele Internate finanzielle Hilfen in Form von Ermäßigungen, Förderplätzen und Stipendien.

Gemeinsame Ziele, vielfältige Angebote

Alle VDP Internate haben zahlreiche gemeinsame Qualitäts- und Zielvorstellungen. Dies kommt auch durch ihre Mitgliedschaft im VDP zum Ausdruck. Dennoch sind alle VDP Internatsschulen sehr individuell, kein Internat ist wie das andere.

Auf den folgenden Seiten finden Sie Kurzprofile der einzelnen VDP Internate mit den jeweiligen Schwerpunkten und Besonderheiten. Bei weitergehendem Interesse ist es zu empfehlen, das persönliche Gespräch mit dem Schul- oder Internatsleiter bzw. der Schul- oder Internatsleiterin zu suchen. Bei einem Besuch der Internatsschulen können alle Fragen ausführlich erörtert und die Einrichtungen vor Ort kennengelernt werden.

Fortsetzung der Mitgliedsinternate auf den folgenden Seiten.

Über den VDP

Der Verband Deutscher Privatschulverbände e.V. vertritt freie Bildungseinrichtungen im allgemeinbildenden und berufsbildenden Schulbereich sowie in der Erwachsenenbildung und im Hochschulbereich.

Als 1901 gegründeter Verband binden wir unsere Mitglieder weder weltanschaulich noch konfessionell oder parteilich. Zusammen mit den beiden konfessionellen Privatschulverbänden, dem Bund der Freien Waldorfschulen, dem Bundesverband der Freien Alternativschulen und der Internate Vereinigung bilden wir die Arbeitsgemeinschaft Freier Schulen.

Dr. Klaus Vogt
Präsident des VDP

Verband Deutscher Privatschulverbände e.V. (VDP – gegründet 1901)
Bildungseinrichtungen in freier Trägerschaft
Bundesgeschäftsstelle
Markgrafenstraße 56, 10117 Berlin
Tel.: 0 30/28 44 50 88-0
Fax: 0 30/28 44 50 88-9
www.privatschulen.de
vdp@privatschulen.de

Alle VDP Mitgliedsinternate

Weitere Informationen zu den Internaten finden Sie unter den jeweiligen Bundesländern

Internate in Baden-Württemberg:

Schulwerk Collegium Musicum e.V.
Stiegstraße 115
79774 Albbruck-Unteralpfen
Telefon: 07755/93945-0
Internet: www.s-cm.eu

Pädagogium Baden-Baden
Burgstraße 2
76530 Baden-Baden
Telefon: 07221/3559-0
Internet:
www.paedagogium-baden-baden.de

Kurpfalz Internat
Diersteinstr. 1-7
69245 Bammenthal
Telefon: 06223/691-0
Internet: www.kurpfalz-internat.de

Heidelberg College
Neuenheimer Landstraße 16
69120 Heidelberg
Telefon: 06221/436217
Internet: www.heidelbergcollege.de

HPC Schulen
Rhein-Main-Neckar gGmbH
Kurfürsten-Anlage 64-68
69115 Heidelberg
Telefon: 06221/8994-2982
Internet: www.hpc-schulen.de

Schloss-Schule Kirchberg
Schulstraße 4
74592 Kirchberg / Jagst
Telefon: 07954/98020
Internet: www.schloss-schule.de

SRH Schulen GmbH
Stephen-Hawking-Schule
Im Spitzerfeld 25
69151 Neckargemünd
Telefon: 06223/81-3005
Internet: www.stephenhawkingschule.de

Schule Schloss Salem
Schlossbezirk 1, 88682 Salem
Telefon: 07553/919-352
Internet: www.schule-schloss-salem.de

Merz Internat
Albrecht-Leo-Merz-Weg 2
70184 Stuttgart
Telefon: 0711/21034-0
Internet: www.merz-schule.de

Internate in Bayern:

Institut Schloss Brannenburg
Schloss Brannenburg
83098 Brannenburg
Telefon: 08034/9063-0
Internet:
www.InstitutSchlossBrannenburg.de

Privat Internat Pindl
Dechbettener Straße 13
93049 Regensburg
Telefon: 0941/297580
Internet: www.internat-pindl.de

Fortsetzung der Mitgliedsinternate auf den folgenden Seiten.

Internate in Brandenburg:

Campus im Stift Neuzelle
Stiftsplatz 7
15898 Neuzelle
Telefon: 033652/8258-250
Internet: www.internat-neuzelle.de

Seeschule Rangsdorf
Stauffenbergallee 6
15834 Rangsdorf
Telefon: 033708/44947
Internet: www.seeschule.de

Internate in Hessen:

Internatsgymnasium Institut Lucius
Forsthaus 1, 61209 Echzell
Telefon: 06008/232
Internet: www.internat-lucius.de

Lietz Internat Hohenwehrda
Schloss Hohenwehrda
36166 Haunetal
Telefon: 06673/9299-0
Internet: www.internat-hohenwehrda.de

Lietz Internat Schloss Bieberstein
Schloss Bieberstein
36145 Hofbieber
Telefon: 06657/79-0
Internet: www.internat-schloss-bieberstein.de

Privates Litauisches Gymnasium
Lorscher Straße 1
68623 Lampertheim-Hüttenfeld
Telefon: 06256/322
Internet: www.gimnazija.de

Daniel-Cederberg-Schule
Neuhöfe 17
35041 Marburg
Telefon: 06421/936430
Internet: www.kerstin-heim.de

Steinmühle – Schule & Internat
Steinmühlenweg 21
35043 Marburg-Cappel
Telefon: 06421/408-20
Internet: www.steinmuehle.de

Privatgymnasium Königshofen
Niederseelbacher Straße 64
65527 Niedernhausen-Königshofen
Telefon: 06127/5734
Internet: www.pg-k.de

Metropolitan International School
Walter-Gropius-Allee 3
68589 Viernheim
Telefon: 06204/7087796
Internet: www.metroschool.de

Internate in Mecklenburg-Vorpommern:

Berufsfachschule Greifswald gGmbH
Pappelallee 1
17489 Greifswald
Telefon: 03834/872450
Internet: berufsfachschule-greifswald.de

Ostseegymnasium Greifswald
Pappelallee 1
17489 Greifswald
Telefon: 03834/872450
Internet: www.privatgymnasium-greifswald.de

Internat Schloss Torgelow
Schlossallee 1
17192 Torgelow am See
Telefon: 03991/624-0
Internet: www.schlosstorgelow.de

Internate in Niedersachsen:

Pädagogium Bad Sachsa
Ostertal 1-5, 37441 Bad Sachsa
Telefon: 05523/3001-0
Internet: www.internats-gymnasium.de

CJD Braunschweig
Georg-Westermann-Allee 76
38104 Braunschweig
Telefon: 0531/7078-112
Internet: www.cjd-braunschweig.de

Gutshof Hudemühlen gGmbH
Sonderschule für geistig Behinderte
Gutsweg 1, 29693 Hodenhagen/Aller
Telefon: 05164/971171
Internet: www.hudemuehlen.de

Energie Campus GmbH
Waterender Weg 30a, 26123 Oldenburg
Telefon: 0441/48082850
Internet: www.ewe.om

Internate in Nordrhein-Westfalen:

Schloss Hagerhof
Menzenberg 13
53604 Bad Honnef
Telefon: 02224/9325-0
Internet: www.hagerhof.de

Institut Schloss Wittgenstein
Schloss Wittgenstein
57334 Bad Laasphe
Telefon: 02752/4743-0
Internet: www.wittgenstein.de

Privates Ernst-Kalkuhl-Gymnasium
Königswinterer Str. 534, 53227 Bonn
Telefon: 0228/970900
Internet: www.ernst-kalkuhl-internat.de

HEBO Privatschule Bonn & Internat
Am Büchel 100, 53173 Bonn
Telefon: 0228/748990
Internet: www.hebo-schule.de

WIHOGA – Wirtschaftsschulen und Berufsfachschule für Hotellerie und Gastronomie
Am Rombergpark 38-40
44225 Dortmund
Telefon: 0231/7922070
Internet: www.wihoga.de

Internat Schloss Buldern
Dorfbauerschaft 22
48249 Dülmen-Buldern
Telefon: 02590/99-0
Internet: www.schloss-buldern.com

Bergisches Internat
Gut Falkenberg 5-7, 40699 Erkrath
Telefon: 02104/940880
Internet: www.internat.de

Privates Aufbaugymnasium Iserlohn
Reiterweg 28-32
58636 Iserlohn
Telefon: 02371/9043-0
Internet: www.privatgymnasium-iserlohn.de

Fortsetzung der Mitgliedsinternate auf der folgenden Seite.

Schloss Varenholz
32689 Kalletal-Varenholz
Telefon: 05755/9620
Internet: www.schlossinternat.de

Krüger Internat und Schulen
Westerkappelner Straße 66, 49504 Lotte
Telefon: 05404/9627-0
Internet: www.internat-krueger.de

Heinrich-Corsten-Schule und Internat
Engelbleckerstraße 55/59
41006 Mönchengladbach
Telefon: 02161/6807-0
Internet: www.corsten-gmbh.de

Internat Alzen
Stockshöher Weg 1, 51597 Morsbach
Telefon: 02294/7119
Internet: www.internat-alzen.de

Privatschule Conventz GbR
Greppstraße 48a, 52159 Roetgen
Telefon: 02471/920010
Internet: www.privatschule-conventz.de

Villa Wewersbusch
Wewersbusch 15
42555 Velbert-Langenberg
Telefon: 02052/9266290
Internet: www.villawewersbusch.de

Internate in Sachsen-Anhalt:

Internatsschule Hadmersleben
Planstraße 36, 39387 Hadmersleben
Telefon: 039408/93100
Internet: www.privatgymnasium.de

Bodelschwingh-Haus Wolmirstedt Stiftung
Evangelische Fachschule für soziale Berufe
Parkstraße 5, 39326 Wolmirstedt
Telefon: 039201/30215
Internet: efs-wms.de

Landschulheim Grovesmühle
Grovesmühle 1, 38871 Veckenstedt/Nordharz
Telefon: 039451/608-0
Internet: www.grovesmuehle.com

Internat in Schleswig-Holstein:

Internat Schloss Rohlstorf
Am Gut 3, 23821 Rohlstorf
Telefon: 04559/1056
Internet: www.schloss-rohlstorf.de

Internate in Thüringen:

Lietz Internatsdorf Haubinda
Stiftung 01, 98663 Haubinda
Telefon: 036875/671-0
Internet: www.lietz-schule.de

Klosterschule Roßleben
Klosterschule 5, 06571 Roßleben
Telefon: 034672/98200
Internet: www.klosterschule.de

DIE INTERNATE VEREINIGUNG e.V.

die internate
VEREINIGUNG e.V.

Ein Beitrag von Eva-Maria Kemink

Eva-Maria Kemink

Die Internatsschulen der DIE INTERNATE VEREINIGUNG bieten internationale Bildungs- und Lebensräume, die Mädchen und Jungen wertvolle und vielfältige Erfahrungen ermöglichen, um sie stark für ihre Zukunft zu machen. Persönlichkeitsbildung wird verbunden mit einer sorgfältigen, an aktuellsten pädagogischen Standards orientierten Schulausbildung.

Unsere Internate in Deutschland und der Schweiz eröffnen jeder Schülerin, jedem Schüler die Chance auf eine breit gefächerte Bildung und Erziehung in einer ganz besonderen geographischen Umgebung – von der Nordsee bis ins Gebirge. In einer Atmosphäre der Achtsamkeit werden individuelle Begabungen gefördert und soziale Kompetenzen gestärkt.

Die Internate Vereinigung

Die Internate der Vereinigung verbindet eine intensive Zusammenarbeit, in deren Zentrum eine kontinuierliche, progressive Qualitätsentwicklung und Qualitätssicherung steht.

Die konsequente Umsetzung und Weiterentwicklung des 2014 veröffentlichten Rahmenkonzepts für das Qualitätsmanagement in Internatsschulen ist für unsere Mitglieder wichtiger Bezugspunkt für eine kritisch reflektierte pädagogische Arbeit. Die Internate kooperieren mit Forschungseinrichtungen und Hochschulen und legen einen großen Wert auf die Qualifizierung ihrer Mitarbeiterinnen und Mitarbeiter.

DIE INTERNATE VEREINIGUNG unterstützt sie in ihrer pädagogischen Entwicklung, berät sie in allen Fragen der Qualitätsentwicklung und erarbeitet gemeinsam mit den Internatsschulen pädagogische Konzepte und Programme. Der Austausch in Tagungen, Arbeitskreisen, Fachgruppen, Projekten und im Bereich der Fortbildung trägt wesentlich zur Professionalisierung der Arbeit in den Mitgliedsinternaten bei.

Fortsetzung auf den folgenden Seiten.

Die Vereinigung vertritt die Interessen ihrer Internatsschulen in Medien, Politik, Ämtern, Forschung und Fachorganisationen. Sie kommuniziert die Aktivitäten und Konzepte nach Außen und Innen und sorgt für eine Atmosphäre des kritischen Dialogs.

Jedes einzelne Internat hat sein ganz eigenes pädagogisches Profil, das sich in den jeweiligen Lebens-, Internats- und Schulräumen spiegelt. Unsere Internate sind konfessionell nicht gebunden, sie stehen für Weltoffenheit und Toleranz. Schulrechtlich sind die Internate anerkannte Ersatzschulen, das heißt unter anderem, dass die an ihnen erworbenen Zeugnisse unter den gleichen Bedingungen erteilt werden und die gleichen Berechtigungen verleihen wie die Zeugnisse staatlicher Schulen. Dies gilt für nationale und internationale Abschlüsse.

Pädagogisches Profil

Unsere Internatsschulen arbeiten eng mit den Familien zum Wohle ihrer Kinder zusammen. Gerade in der Kindheit mit der beginnenden Pubertät und in der Jugend stehen Mädchen und Jungen vor wichtigen Entwicklungsaufgaben. Insbesondere die Neugestaltung sozialer Beziehungen, der Aufbau eigener sozialer Netzwerke, die Übernahme sozialer Verantwortung, wie auch das Entwickeln neuer Lernmotivationen und -strategien bei der Bewältigung schulischer und außerschulischer Anforderungen sind zentrale Herausforderungen. Der sehr strukturierte Alltag in unseren Internatsschulen, die kontrollierten pädagogischen Settings, der intensive Kontakt mit den Peers und das Finden des eigenen Platzes in der Internatsgemeinschaft bieten dabei eine große Unterstützung. Die Schülerinnen und Schüler, wie auch alle Mitarbeiterinnen und Mitarbeiter, leben und arbeiten in einer Kultur der Achtsamkeit und Fürsorge.

Die gemeinsamen Bildungsziele unserer Internatsschulen spiegeln sich in gemeinsamen pädagogischen Prämissen:

- **Individuelles, soziales und emotionales Lernen**
  Lernen in den Internaten ist individuell und sozial. Jede Schülerin, jeder Schüler wird als einzigartige Persönlichkeit wahrgenommen, respektiert und gefördert. Im Vordergrund stehen die Stärken der Kinder und Jugendlichen. Die unterschiedlichen Lernweisen, Lernstände, Interessen und Begabungen werden (an)erkannt und in spezifischen Lehr-Lernarrangements weiter entwickelt.

- **Kulturen des Sprechens und Zuhörens**
  Kinder und Jugendliche haben das Recht auf die freie Entfaltung ihrer Persönlichkeiten, Ermutigung und fördernde Unterstützung. Sie haben das

Recht auf Achtung ihrer persönlichen Grenzen und Anspruch auf Hilfe und Schutz.

- **Kooperation und Selbstverantwortung**
  Verantwortung innerhalb und außerhalb der Internatsgemeinschaft zu übernehmen, Werte nicht nur zu diskutieren, sondern so zu leben, dass sie im täglichen Umgang miteinander, in gegenseitigem Respekt wirksam werden, ist unser Anspruch an alle Internatsbeteiligte.

- **Partizipation und Selbstwirksamkeit**
  Die Schülerinnen und Schüler nehmen aktiv an den Gestaltungs- und Entscheidungsprozessen ihrer Internatsschule teil. Sie erleben ein Gefühl von Selbstwirksamkeit, erfahren, dass sie wichtig sind, dass sie gebraucht werden. Dabei werden individuelle, kognitive und soziale Kompetenzen gleichermaßen gefördert.
- **Interkulturelle Kommunikation**
  Unsere Internatsschulen sind konzipiert als internationale Bildungsräume. Sie fördern und fordern interkulturelle Kompetenzen, die heute wesentlich für die gesamte Bildungs- und Berufsbiographie sind.

Die Internate der Vereinigung haben zum Ziel, ihre Schülerinnen und Schüler auf ein Leben über Grenzen hinaus vorzubereiten. Es gilt, nicht nur Wissen zu vermitteln, sondern Verstehen möglich zu machen.

Orientierung bei der Suche nach dem passenden Internat

Um Familien bei der Suche nach dem passenden Internat zu unterstützen, bietet DIE INTERNATE VEREINIGUNG auf www.**die-internate**.de eine erste Orientierung: In einem Vergleichsportal können sich Interessierte einen schnellen, aber doch detaillierten Überblick über die verschiedenen pädagogischen Profile, schulischen und außerschulischen Schwerpunkte unserer Mitgliedsinternate verschaffen. Sie können eigene Wünsche und Kriterien angeben und bekommen eine Auswahl der für ihre Kinder in Frage kommenden Internate.

Um den Bildungsweg ihres Kindes dann sorgfältig und individuell zu planen, stehen den Familien direkt die Ansprechpersonen in den Internatsschulen zur Verfügung. Dort werden sie kompetent beraten und können Besichtigungstermine vereinbaren, um die so wichtigen eigenen Eindrücke zu sammeln.

Eva-Maria Kemink
Geschäftsführerin
DIE INTERNATE VEREINIGUNG e.V.

Fortsetzung der Mitgliedsinternate auf der folgenden Seite.

Vereinssitz:
c/o Internat Solling
Einbecker Straße 1
37603 Holzminden

Geschäftsstelle:
Postfach 15 41
61405 Oberursel (Taunus)
Telefon 0 61 72/9 08 11 41
Mobil 01 76/20 20 05 89
sekretariat@die-internate.de
www.die-internate-vereinigung.de
www.die-internate.de

Die Mitgliedsinternate:

- **Ecole d'Humanité** (siehe Seite 234-235)
- **Grovesmühle – Schule & Internat** (siehe Seite 216–217)
- **Hermann Lietz-Schule Spiekeroog** (siehe Seite 14–15 und Seite 172–173)
- **Internat Solling** (siehe Seite 175)
- **Klosterschule Roßleben** (siehe Seite 226)
- **Landheim Ammersee** (siehe Seite 12–13 und 138–139)
- **Lietz Internatsdorf Haubinda** (siehe Seite 225)
- **Lietz Internat Hohenwehrda** (siehe Seite 168)
- **Lietz Internat Schloss Bieberstein** (siehe Seite 156)
- **nsi Nordsee-Internat St. Peter-Ording** (siehe Seite 18–19 und 222)
- **Schloss-Schule Kirchberg** (siehe Seite 96)
- **Schule Birklehof – Privates Internat & Gymnasium** (siehe Seite 94–95)
- **Schule Marienau – Internat und Gymnasium** (siehe Seite 16–17 und 174)
- **Steinmühle – Schule & Internat** (siehe Seite 158–159)
- **Stiftung Louisenlund**
- **Stiftung Urspringschule** (siehe Seite 105)
- **Zinzendorfschulen** (siehe Seite 97)

Christophorusinternate im Christlichen Jugenddorfwerk Deutschlands e.V. (CJD – Die Chancengeber)

Lebensorte für ganzheitliche Bildung und Erziehung

Ein Beitrag von Helmut Ramsthaler
(Bundesfachreferent für Kinder-, Jugend-, und Familienhilfe)

Helmut Ramsthaler

Das CJD versteht sich als Chancengeber für alle Kinder und Jugendliche. Wir gestalten in unseren Internaten das Leben und Lernen unter einem Dach, fördern individuelle Begabungen und unterstützen eine erfolgreiche Schullaufbahn.

Wir bieten authentische und am christlichen Menschenbild orientierte Beziehungen. In der täglichen Begegnung mit Anderen, den Mitschülern und unseren professionellen pädagogischen Mitarbeitenden entwickeln sich junge Menschen zu reifen Persönlichkeiten. Wir schätzen jeden einzelnen Schüler in seiner Besonderheit und als aktiven Mitgestalter der Gemeinschaft. Gemeinsam und in einer geborgenen Umgebung machen Leben und Lernen erst richtig Freude und Sinn!

Das Christliche Jugenddorfwerk Deutschlands e.V. bietet jährlich 160.000 jungen und erwachsenen Menschen Orientierung und Zukunftschancen und betreibt über 50 Schulen in freier Trägerschaft. Mit bundesweit acht inklusiv ausgerichteten „CJD Christophorus Internaten" sind wir einer der größten Anbieter von Internatserziehung in Deutschland. Wir betreuen über 1.000 Internatsschülerinnen und Schüler in enger Kooperation mit unseren verschiedenen Schulformen vor Ort. Wir erschließen in der Erziehungspartnerschaft mit den Eltern wie auch in der Bildungspartnerschaft mit den Schulen passgenaue Entwicklungs- und Bildungschancen. Wir halten alle Schulformen bereit, von der Grundschule bis hin zur International School, die zum International Baccalaureate (IB) führt.

„Living diversity – Vielfalt leben" ist unsere Antwort auf die Bildungsanforderungen dieser Zeit. Unterricht und Betreuung

Fortsetzung auf den folgenden Seiten.

folgen einem ganzheitlichen Erziehungs- und Bildungsanspruch, der unserem Gründer, Prof. Arnold Dannenmann, schon 1951 zu Beginn unserer Internatsarbeit ein Anliegen war.

Körper, Geist und Seele werden schulisch und im Freizeitbereich gleichermaßen gefördert durch die Lernfelder: Sport- und Gesundheitspädagogik, Musische Bildung, Religionspädagogik und Politische Bildung mit dem Ziel, zu demokratischem und verantwortungsbewusstem Handeln zu erziehen. Neben den vielfältigen Freizeitangeboten vor Ort tragen wir bundesweite Veranstaltungen aus, die Kinder und Jugendliche aus ganz Deutschland zusammenführen: Ob im Kanu bei den bundesweit organisierten Erlebnissporttagen, in einer Band auf den musischen Festtagen, bei unseren politischen Projekttagen oder Workshops zu Sinn- und Glaubensfragen – mit Freude wollen Erwachsene und Jugendliche gemeinsam das Geschenk des Lebens erkunden.

Ausgehend von unserem Bildungsverständnis bedeutet dies für unsere Internatsarbeit ganz konkret:

Wir fördern Neugierde.
Die CJD Christophorusinternate nehmen junge Menschen in ihrer Einzigartigkeit wahr und wecken die Begeisterung für die Erforschung der Welt und der eigenen Identität.

Wir öffnen Wege.
Jeder junge Mensch ist unterwegs und bringt eigene Fähigkeiten und Herausforderungen in unsere Gemeinschaft ein. Gemeinsam bauen wir Lebens- und Lernorte, die den uns anvertrauten Menschen entsprechen. Lernen und Leben in der Schule und im Internat ergänzen sich dabei immer neu.

Wir achten Freiheit.
Unsere Internate sind Orte des Respekts und der Wertschätzung. Sie gebührt jedem jungen Menschen, unseren Mitarbeitenden und unserem Haus und ist eine Zusage an jeden Gast. Wir schützen und genießen unseren gemeinsamen Ort, an dem jeder seinen Platz haben darf.

Wir gestalten Gemeinschaft.
CJD Christophorusinternate sind Orte der Vielfalt und der Individualität. Wir lernen jeden Tag eine Kultur zu bauen, die uns alle trägt und in der unsere Buntheit zum Reichtum aller werden kann; das ist anstrengend und das ist es wert!

Unsere Mitarbeitenden sind dem christlichen Menschenbild verpflichtet. Es ist Anker unser Arbeit und Bildungsinhalt in der Gestaltung unseres Alltags. Jedes unserer Internate hat zudem eigene Schwerpunkte und bietet beispielsweise Lern- und Lebensorte für

• hochbegabte junge Menschen, die eine spezielle kognitive und sozial-emotionale Förderung erhalten;

• junge Leistungssportler, die eine besondere schulische Förderung und als Elitesportler einen auf Trainingspläne und Wettkämpfe abgestimmten Schulablauf benötigen;

• Kinder- und Jugendliche mit sog nannten Teilleistungsschwächen wie Legasthenie, Dyskalkulie oder ADHS, die besonderer Ansprache, Ermutigung und Förderung bedürfen;

• asthmakranke Kinder und Jugendliche, die nur in bestimmten klimatischen Bedingungen Linderung erfahren und therapeutische Hilfe im Alltag brauchen;

• musikalisch und künstlerisch Hochbegabte, die eine entsprechende Förderung erfahren;
• schulmüde Kinder und Jugendliche und Underachiever, die neue ermutigende Lernorte benötigen;

• Schülerinnen und Schüler mit sozialen Anpassungsschwierigkeiten, für die ein Milieuwechsel zur Entwicklung ihrer Begabungen hilfreich ist.

„Chancengeber" zu sein bedeutet für uns, dass wir darüber hinaus nach individuell geeigneten Lebens- und Lernorten suchen.

Als Qualitätsanbieter sind wir fachlich gut vernetzt und entwickeln mit Beteiligung unserer jungen Menschen unsere Internate weiter.

Als Anbieter vielfältigster Maßnahmen halten wir bei Bedarf eine breite Expertise und spezialisierte Hilfen in unserem bundesweiten Netzwerk bereit.

CJD Christophorusinternate gestalten gute Orte, an denen junge Menschen positive Lern- und Entwicklungserfahrungen in einer tragenden Gemeinschaft machen und prägende Impulse für ihr weiteres Leben erhalten.

Die Internatszeit wird so zu einzigartiger und wertvoller Lebens- und Erlebenszeit in der Biographie unserer jungen Menschen.

Fortsetzung der Mitgliedsinternate auf den folgenden Seiten.

Internate im CJD

Weitere Informationen zu den Internaten finden Sie unter den jeweiligen Bundesländern.

An folgenden Standorten unterhält das CJD Internate
und CJD Christophorusschulen:

Bayern

CJD Berchtesgaden
Gesundheit · Bildung · Beruf
Asthmazentrum und Diabeteszentrum
Buchenhöhe 46
83471 Berchtesgaden
Telefon 08652/6000-0
Fax 08652/6000-273
Anfragen:
Elternberatung
Herr Florian Brandner
Telefon 08652/6000-251
asthmazentrum@cjd.de
www.cjd-berchtesgaden.de

CJD Christophorusschulen Berchtesgaden
Gymnasium - Internat – Fachoberschule
Sekretariat: Sebastian Waldherr
Am Dürreck 4
83471 Schönau am Königssee
Telefon 08652/604-0
Fax 08652/604-710
cjd.berchtesgaden@cjd.de
Internatsleitung:
Herr Florian Lenz
Telefon 08652/6000-211
Fax 08652/6000-273
florian.lenz@cjd.de
www.cjd-christophorusschulen-
berchtesgaden.de

Mecklenburg-Vorpommern

CJD Christophorusschule Rostock
Förderung der Hochbegabung;
Eliteschule des Sports
Groß Schwaßer Weg 11
18057 Rostock
Internatsleitung : Antje Pedde
Telefon 0381/8071-148 (Tagesbüro)
Telefon 0381/8071-157 (Leitung)
Fax 0381/8071108
internat.rostock@cjd-nord.de
www.cjd-christophorusschule-rostock.
de/internat

Niedersachsen

CJD Jugenddorf- Christophorusschule
Braunschweig
Individuelle Begabungsförderung und
Hochbegabtenförderung
Internat
Georg-Westermann-Allee 76
38104 Braunschweig
Telefon 0531/7078-211
Fax 0531/7078-222
www.internat-braunschweig.de

CJD Jugenddorf- Christophorusschule
Elze Begabten- und Neigungsförderung
Dr.-Martin-Freytag Str. 1
31008 Elze
Telefon 05068/466-147
Sekretariat: Anke Bollmann
Anke.Bollmann@cjd.de
www.cjd-elze.de

Nordrhein-Westfalen

CJD Jugenddorf- Christophorusschule
Königswinter mit
Hochbegabtenförderung
Cleethorpeser Platz 12
53639 Königswinter
Telefon 02223/922-0
sekretariat@cjd-koenigswinter.de
www.cjd-koenigswinter.de
Leiter des Gymnasiums: Wilhelm Meyer
Leiter der Realschule: Martin Krude
Internatsleiter: Peter Malburg

Das CJD bietet jährlich 155.000 jungen und erwachsenen Menschen Orientierung und Zukunftschancen. Sie werden von 9.500 Mitarbeitenden an über 150 Standorten gefördert, begleitet und ausgebildet. Grundlage ist das christliche Menschenbild mit der Vision „Keiner darf verloren gehen!"

Weitere Informationen unter
www.die-chancengeber.de

Evangelische Internate

Ein Beitrag von Heidi Kong

Evangelische Internate Deutschlands

Heidi Kong

Internate haben mit dem heutigen Schulsystem eine andere Bedeutung erhalten. Sie werden häufig gewählt, wenn es in Familien Krisensituationen gibt und die Schullaufbahn des Kindes/ Jugendlichen gefährdet ist. Es gilt daher wesentlich, Kinder und Jugendlichen Sicherheit und Zuversicht zu geben, dass sie Schule erfolgreich bewältigen können und ihre Familie nicht verlieren. Leben in der Gemeinschaft ist eine Herausforderung und Leistung zugleich. Das Zusammenwohnen mit anderen Menschen, mit der ständigen Möglichkeit von Begegnungen, der Notwendigkeit zu reagieren und das Aushalten Anderer erfordert und lehrt zugleich sich selbst kennen zu lernen, durchzusetzen und auszuhalten.

Die **Gemeinschaftsfähigkeit** ist für das spätere Leben der Kinder/ Jugendlichen in unserer Gesellschaft von großer Bedeutung, wenn sie erfolgreich im Beruf sein wollen, gelingende Partnerschaften und Freundschaften pflegen wollen und um sich im Alltag möglichst angst- konfliktfrei bewegen können.

Erziehenden (Familien) fehlt heute nicht selten Unterstützung durch Angehörige oder Nachbarn, die unterstützen und möglicherweise auch helfen können. Das Zusammensein von Großeltern, Tanten, Onkel, Cousinen/ Cousins findet meist nur in geringerem Maß statt; Nachbarn „mischen sich nicht ein".

Die Schule ist der erste soziale Ort, den alle Kinder außerhalb der Familie kennen lernen. Auch wenn sie in der Kita waren, ist die Schule der Ort, der mit hohen Erwartungen besucht wird:
Jedes Kind will in Schule erfolgreich sein!

Hier ist die Verknüpfung, die Internate in unserer Zeit bedeutsam macht:
Mit Blick auf eine erfolgreiche Schulausbildung die Persönlichkeitsentwicklung der Kinder und Jugendlichen nachhaltig zu unterstützen und zu fördern.

Die Erziehung in den Evangelischen Internaten basiert auf den **christlichen Werten** unserer Kirche. Auch Kinder/

Jugendliche anderer Glaubenrichtungen finden Aufnahme in unseren Internaten. Dies führt zu sehr anregenden Gesprächen über die Religionen, so dass Wissen, Verständnis und Toleranz geschult und erlebt werden. Eine Erfahrung, die in unserer globalisierten Lebenswelt, zunehmend hilfreich ist. Ein klares **Wertebewusstsein** ist aus unserer Sicht eine notwendige Grundlage für eine selbstbewusste und in sich ruhende Persönlichkeit.

Der Blick auf eine **erfolgreiche Schulausbildung** ist ein wesentlicher Bestandteil der Internatsbetreuung und unterscheidet sie wesentlich von den anderen außerfamiliären Betreuungsformen. Internaten sind meistens trägereigene Schulen angeschlossen, manchmal arbeiten sie auch mit örtlichen öffentlichen Schulen eng zusammen. In den Evangelischen Internaten erfolgt ein reger Austausch über die Entwicklung der Kinder und Jugendlichen. Die Qualität der Zusammenarbeit wird immer wieder hinterfragt und in gemeinsamen Gremien/ Sitzungen optimiert. Einerseits kann das Kind/ der Jugendliche im Internat zielgerichtet unterstützt werden, sowohl durch fachliche Förderung im Lernbereich als auch durch zugewandte Auseinandersetzung mit seinem Sozialverhalten.

Um in einer Gemeinschaft gut zu leben, ist die Fähigkeit grundlegend, sich seiner **Selbstwirksamkeit** bewusst zu sein und diese steuern zu können. Betreuende in Evangelischen Internaten werden daher immer Zeit haben, sich mit Kindern/ Jugendlichen in Gesprächen zusammenzusetzen, um mit ihnen über die Wirkung ihres Auftretens und ihren Wünschen nach Wahrnehmung ihrer Person. Sie beraten sie und bieten ihnen „Trainingsmöglichkeiten" an, ihr Verhalten mit ihren Wünschen in Einklang zu bringen. Gespräche finden sowohl mit dem Kind/ Jugendlichen allein als auch in kleinen (vertrauten) Gruppen statt.

Annahme und Wertschätzung als Grundlage der Erziehung in Evangelischen Internaten heißt auch die Individualität des einzelnen Kindes/ Jugendlichen zu fördern. Das Leben in der Gemeinschaft bietet jungen Menschen gute Möglichkeiten Stärken einzubringen, Verantwortung zu übernehmen und soziale Kompetenzen auszubilden. Sie bereichern das Zusammenleben mit außerordentlichen musischen, künstlerischen, sportlichen, handwerklichen oder sozialen Fähigkeiten. Viele entdecken Talente, die ihnen auch später berufliche Perspektiven eröffnen.

Zuverlässigkeit und Pflicht-

Fortsetzung auf den folgenden Seiten.

bewusstsein ist für ein gelingendes Gemeinschaftsleben unerlässlich. Den Kindern/ Jugendlichen werden entsprechend ihren Fähigkeiten Aufgaben übertragen, die sie für die Internatsgemeinschaft übernehmen.

Für das Leben in der Gemeinschaft ist eine **Strukturierung des Tages** eine Notwendigkeit. Essenzeiten, Aufstehen, Nachtruhe, Arbeitsstunden, Kurs/ Projektteilnahme und Freizeit sind festgelegt und einzuhalten. Kinder/ Jugendliche fällt es in der großen Gruppe leichter, sich daran zu halten – die Notwendigkeit ist offensichtlich. Das **Jahr ist ritualisiert** durch schulische Termine wie Zeugnistagen und Ferien und durch das Internat durch interne Feste, in Evangelischen Internaten die Feste unserer Kirche. Immer wieder hören wir von Ehemaligen, dass diese Strukturierung ihnen auch im späteren Leben hilfreich war.

Um den Anforderungen der Internatserziehung gerecht zu werden, nehmen die Betreuenden regelmäßig an **Fort- und Weiterbildungen** teil. In den meisten Internaten gibt es außerdem interne Fortbildungen zu aktuellen Themen.

Alle Evangelischen Internate haben **Beteiligungsgremien** für Kinder/ Jugendliche, in denen diese ihre Wünsche, Vorstellungen und Klagen zum Internatsleben einbringen können. Es gibt **Schutzkonzepte**, die das Wohlergehen der Kinder/ Jugendlichen möglichst umfassend gewährleisten.

Die Angebote der Evangelischen Internate sind vielfältig, teilweise mit besonderen Schwerpunkten: Internate, die besondere Begabungen fördern, Internate die Kinder und Jugendliche mit besonderen Krankheiten/ Behinderungen fördern, Internate, die Kinder/ Jugendliche mit Schulschwierigkeiten fördern. Alle Internate nehmen alle Kinder/ Jugendlichen auf, auch wenn diese an dem Schwerpunkt nicht interessiert sind, der Bedarf nicht erforderlich ist.
Evangelischen Internaten ist es wichtig **Gemeinschaft in Vielfalt zu erleben und zu leben** – dies ermöglicht, dass unsere Kinder und Jugendlichen ihr Leben in unserer Gesellschaft mit Selbstbewusstsein und Selbstvertrauen und in sich ruhend gestalten können.

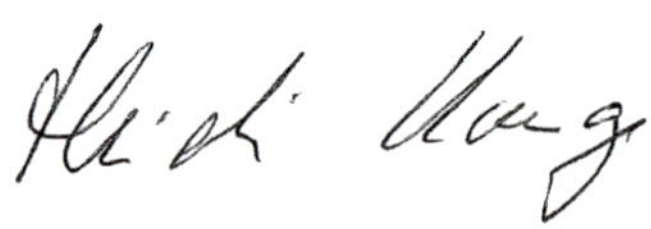

Info und Beratung
Evangelische Internate:
www.evangelische-internate.info
info@evangelische-internate.com

Evangelische Internate in Baden-Württemberg:
- Evangelisches Schulzentrum Michelbach
- Evangelisches Seminar Blaubeuren
- Evangelisches Seminar Maulbronn
- Firstwald Internat Mössingen
- Martinshaus Kleintobel
- Urspringschule Schelklingen
- Zinzendorfschulen Königsfeld

Evangelische Internate in Bayern:
- Annakolleg Augsburg
- Christian-von-Bomhard-Schule Uffenheim
- Christliches Jugenddorf Berchtesgaden
- Evangelische Realschule Ortenburg
- Internat Schloss Schwarzenberg
- Landschulheim Elkofen
- Windsbacher Knabenchor

Evangelische Internate in Berlin-Brandenburg:
- Königin-Luise-Stiftung Berlin

Evangelische Internate in Hessen:
- Christliches Jugenddorf Christophorusschule Oberurff
- Laubach-Kolleg der Ev. Kirche von Hessen-Nassau

Evangelisches Internat in Mecklenburg-Vorpommern:
- Jugenddorf Christophorusschule Rostock

Evangelische Internate in Niedersachsen:
- Christliches Jugenddorf Braunschweig
- Christliches Jugenddorf Elze

Evangelische Internate in Nordrhein-Westfalen:
- Bischof-Hermann-Kunst-Schulen Espelkamp
- Christliches Jugenddorf Christophorusschule Königswinter
- Christliches Jugenddorf Versmold
- Theodor-Fliedner-Internat Düsseldorf

Evangelisches Internat in Sachsen:
- Internat des Dresdner Kreuzchores

Evangelisches Internat in Sachsen-Anhalt:
- Christliches Jugenddorf Christophorusschule Droyßig

Zweckverband Bayerische Landschulheime

Die öffentlichen Internatsschulen des Zweckverbandes Bayerische Landschulheime

zeichnen sich insbesondere durch folgende gemeinsame Charakteristika aus:

- Schule und Internat bilden eine pädagogische Einheit. Ständiger Informationsaustausch zwischen Schule und Internat.

- Sie sind koedukativ geführt, d.h. Jungen und Mädchen werden gemeinsam erzogen.

- Sie sind öffentliche Schulen, d.h. die Lehrkräfte haben die uneingeschränkte Qualifikation für ihr Lehramt.

- Es wird nach den an allen öffentlichen Schulen gleichen Lehrplänen unterrichtet. Schulwechsel können somit problemlos erfolgen.

- Die Zeugnisse und Abschlussprüfungen (Abitur und Realschulabschluss) verleihen die gleichen Rechte wie die der anderen öffentlichen Schulen.

- Als öffentlicher Schulträger erhebt der Zweckverband Bayerische Landschulheime kein Schulgeld. Die Internatskosten des Zweckverbandes sind daher vergleichsweise niedrig.

Jederzeit besteht die Möglichkeit einer eingehenden unverbindlichen Beratung bei einem persönlichen Gespräch, wozu wir Sie herzlich einladen (bitte vorherige Terminabsprache an der Internatsschule).

Probewohnen zum Kennenlernen ist immer möglich, sofern im Internat Plätze frei sind.

Jede Schule pflegt Partnerschaften mit Schulen im Ausland, z.B. in Südafrika, Frankreich, Taiwan, Ungarn, Russland und Tschechien.

Leitbild und Ziele der Internatserziehung

Erwerben von Sachkompetenz
Hochschulen und Arbeitgeber erwarten überzeugende Sachkompetenz, die sich nicht in kurzfristiger Reproduktionsfähigkeit erschöpft, sondern eine konstruktive Wissensbasis und geschickte Arbeitstechniken sowie eine positive Grundeinstellung erfordert:

- Hausaufgabenbetreuung, Förderunterricht, spezielle Kurse zu Lern- und Arbeitstechniken und die Arbeit in Lerngruppen unterstützen im Internat den Aufbau von Sachkompetenz.

- Die Betreuung durch Lehrkräfte orientiert sich am Grundsatz der Hilfe zur Selbsthilfe, macht Lernprozesse transparenter und ermuntert zu eigener Aktivität.

- Die Internatsschüler werden dazu angeregt, ihre Mitverantwortung im Lernprozess zu erkennen, aktiv zu bejahen und auszubauen.

Erwerben von Sozialkompetenz
Die moderne Welt ist mehr denn je auf intensive Kommunikation angewiesen und fordert mit Nachdruck eine umfangreiche Sozialkompetenz, die vor allem Teamfähigkeit, Leistungsbereitschaft, Respekt vor anderen und Verantwortungsfreude umfasst.

Erwerben sportlicher, handwerklicher und musischer Qualitäten

- Den Schülern werden ausreichend Freiraum und vielfältige Freizeitmöglichkeiten im sportlichen, spielerischen und gestaltenden Bereich geboten.

- Durch Begegnung mit Musik, Theater, Kunst und Literatur werden Anreize geschaffen, auch auf kulturellem Gebiet Interessen zu entwickeln.

Fortsetzung auf der folgenden Seite.

Erwerben von Kern-Kompetenzen
Die Internatsschulen des Zweckverbandes Bayerische Landschulheime fördern und festigen:

- **soziale Veranlagungen**
wie Sensibilität, Kooperationsbereitschaft, Integrationsfähigkeit und Selbstkontrolle;

- **individuelle Verhaltensweisen**
wie Initiative, Ausdauer, Flexibilität, Durchsetzungsvermögen, Selbstbewusstsein;

- **soziale Verhaltensweisen**
wie Kooperationsfähigkeit, Kontakt-fähigkeit, Kommunikationsfähigkeit, Teamgeist, Bereitschaft zum sozialen Konsens;

- **Arbeitsverhalten**
wie Exaktheit, Selbstständigkeit, Qualitätsbewusstsein, Zuverlässigkeit, Motivation, Terminbewusstsein;

- **sittliche Verhaltensweisen**
wie die Fähigkeit und Bereitschaft zur humanen Mitgestaltung des eigenen Lebens- und Arbeitsbereiches;

- **Denken und Handeln**
wie abstraktes und analytisches Denken, Konzentrationsvermögen, Denken in Zusammenhängen, Entscheidungsfreude, Planung und Kontrolle;

- **Ausdrucksvermögen**
in mündlicher und schriftlicher Formulierung und Überzeugungskraft. Es ist eine Besonderheit in der „pädagogischen Landschaft", dass es im Freistaat Bayern öffentliche Internatsschulen gibt. Sie werden getragen vom Zweckverband Bayerische Landschulheime, einer kommunalen Körperschaft des öffentlichen Rechts mit Sitz in München, oder vom Staat.

Zweckverband Bayerische Landschulheime
Körperschaft des öffentlichen Rechts
Elisabethstraße 25/II
80796 München
Postfach 402080
80720 München
Telefon 0 89/27 81 40-0
Fax 0 89/27 81 40-23
Internet: www.bayern-internate.com
E-Mail: info@zvbl.de

Zweckverband Bayerische LSHe

Die öffentlichen Internatsschulen des Zweckverbandes Bayerische Landschulheime:
- Landschulheim Kempfenhausen am Starnberger See (siehe Seite 120)
- Landschulheim Schloss Ising am Chiemsee (siehe Seite 121)
- Franken-Landschulheim Schloss Gaibach/Unterfranken (siehe Seite 122)
- Steigerwald-Landschulheim Wiesentheid/Unterfranken (siehe Seite 123)

Der Verband Schweizerischer Privatschulen (VSP)

Privatschulen in der Schweiz

Für die Schweiz mit ihren vier Landessprachen (Deutsch, Französisch, Italienisch und Rätoromanisch) war es schon immer ein Gebot, multikulturelle Bildung zu fördern. In den letzten Jahren wurde diese Entwicklung durch die Zunahme der internationalen Beziehungen, der weltweiten Mobilität und die wachsende Zahl der in der Schweiz niedergelassenen Ausländer bzw. internationalen Unternehmen begünstigt.

Ihrer pädagogischen Tradition verpflichtet, leisten die Privatschulen einen wichtigen Beitrag für die multikulturelle Erziehung. Heute besuchen ungefähr 100.000 Studierende aus den verschiedenen Regionen unseres Landes und aus über 100 verschiedenen Nationen eine Privatschule des Verbandes Schweizerischer Privatschulen (VSP). Dieser wurde 1990 gegründet und zählt gegenwärtig 230 Mitgliedschulen, worunter sich die wichtigsten und ältesten (privaten) Bildungsinstitutionen des Landes befinden.

Heute erfüllen die privaten Aus- und Weiterbildungseinrichtungen eine wichtige Ergänzungsfunktion zum staatlichen Erziehungs- und Bildungswesen, welches nie einer Zentralgewalt anvertraut wurde. Dank den Privatschulen besteht in der Schweiz ein differenziertes und innovatives Bildungsangebot, welches u.a. auch der Mehrsprachigkeit und der damit verknüpften kulturellen Vielfalt dieses Landes gerecht wird.

Multikulturelles Zusammenleben in Privatschulen

Sowohl Internate als auch Externate bieten anspruchsvolle Ausbildungsprogramme zur Vorbereitung auf national und international anerkannte Diplome an. Diese sind Voraussetzung für ein Studium im In- und Ausland.

Unter anderem werden die offiziellen schweizerischen, deutschen, amerikanischen, englischen, französischen und italienischen Mittelschulabschlüsse angeboten. Auch das international anerkannte Diplom „International Baccalaureat" kann auf Englisch, z.T. mit Option Französisch (bilingue), erlangt werden.

Zudem haben sich in den letzten zehn Jahren zahlreiche Mitgliedschulen unseres Verbandes als eigentliche Bilingue-Schulen profiliert. In diesen Schulen wird ein Teil der Unterrichtsfächer in der Landessprache der Region erteilt, der andere Teil in einer Zweitsprache, z.B. Deutsch, Französisch, Englisch oder

Italienisch. Dieser Immersionsunterricht hat sich sehr gut bewährt und ist geeignet, das Verständnis für andere Sprachen und Kulturen zu fördern.

Die Privatschulen sind bestrebt, auf die Schülerpersönlichkeit bezogene Ausbildungsprogramme und individuelle Betreuung anzubieten. Sie sind der Weltgemeinschaft gegenüber offen und fördern bei ihren Studierenden Toleranz für andere Kulturen.

Die Internate des VSP haben sich in einer gemeinsamen Erklärung verpflichtet, hohen Ansprüchen sowohl in der Ausbildung als auch in der Betreuung der Studierenden zu genügen. Das multikulturelle Zusammenleben im Internat eröffnet die Möglichkeit, weltumspannende Freundschaften zu schließen sowie die Traditionen anderer Kulturen kennenzulernen und zu respektieren. Viele während der Ausbildung in der Schweiz geknüpften Kontakte entwikkeln sich zu persönlichen Beziehungen, die sich ein Leben lang und über die nationalen Grenzen hinweg erhalten. Außerdem kann der Schulbesuch weitgehend losgelöst von internationalen Spannungen oder Unruhen in einem sicheren Umfeld erfolgen.

Schweizer Privatschulen: ein Qualitätsprodukt!

Der ausgezeichnete Ruf des schweizerischen Bildungswesens ist international bekannt. Qualität ist im Schweizer Privatschulwesen ein Schlüsselwort. Privatschulen stehen unter der Aufsicht der kantonalen Behörden. Maßgebend ist die jeweilige kantonale Schulgesetzgebung.

Zudem hat der VSP auf seiner Mitgliederversammlung vom 08. Mai 2004 den für die Zukunft des im VSP organisierten Privatschulwesens richtungsweisenden und historischen Beschluss gefasst, dass sämtliche Verbandsschulen mit einem markterprobten und national bzw. international anerkannten Qualitätssystem zu zertifizieren sind.

Mit diesem Schritt wurde die Vertrauenswürdigkeit unserer Mitgliedsschulen sowohl gegenüber Eltern und Schüler(inne)n als auch gegenüber den staatlichen Behörden massiv gesteigert. Im Weiteren hat der VSP eine Qualitätskommission geschaffen, die seine Schulen bzw. Eltern und Studierende bei Schwierigkeiten unterstützt.

So finden Sie die „richtige" Schule: Wenn Sie eine bestimmte soziale Umgebung für Ihre Kinder suchen, eine hohe Ausbildungsqualität wünschen und Wert auf eine Förderung legen, die behutsam zu Eigenverantwortung und Unabhängigkeit führt, dann kann ein Schweizer Internat für Sie die richtige Wahl sein. Für mehr Informationen und eine erste Beratung über die zahlreichen Aus- und Weiterbildungsmöglichkeiten der Verbandsschulen können sich interessierte Personen an die VSP Informations- und Beratungsstelle wenden. Diese vom VSP geschaffene Beratungsstelle, der Service Scolaire, hat sich zum Ziel gesetzt, Personen mit einem Bildungsproblem kompetent und objektiv zu beraten. Trotz dieser Dienstleistung sollte sich der/die Interessent(in) auch ein eigenes Bild machen können. Der VSP und die verbandseigene Beratungsstelle empfehlen deshalb, vor der Wahl einer Schule die nachstehenden Punkte zu beachten:

- Prüfen Sie die Schulunterlagen genau. Die Vertragsbestimmungen sollten klar sein und Angaben über Aufnahmebedingungen, Fächer und Lehrstoffprogramm, Unterrichtsform und -zeiten, Beginn und Dauer der Ausbildung, Art des Abschlusses sowie Kosten enthalten.

- Suchen Sie das Gespräch mit der Schulleitung. So können Sie gegenseitige Vorstellungen abgleichen und Unklarheiten beseitigen. Die Schulleitung sollte auch bereit sein, auf die Anliegen der Eltern und Schüler(innen) einzugehen.

- Besuchen Sie – falls möglich – eine Schnupperlektion. Damit lernen Sie den Unterrichtsstil und das Lehrpersonal einer Schule besser kennen. Ehemalige Schüler(innen) oder andere Referenzpersonen können weitere Auskünfte geben.

Sollten Sie Interesse am Angebot unserer Verbandsschulen haben oder Unterlagen wünschen, können Sie sich unter folgender Adresse schriftlich oder telefonisch an uns wenden:

Schweizer Internate finden Sie in diesem Buch ab Seite 229.

Informations- und Beratungsstelle
des Verbandes Schweizerischer
Privatschulen (VSP)
Hotelgasse 1 – Postfach
CH-3001 Bern

Telefon 0041/31/328 40 50
Fax 0041/31/328 40 55
E-Mail: info@swiss-schools.ch
Internet: http://www.swiss-schools.ch

Adressen:

Internats- und Schulverbände in Deutschland

Verband Katholischer Internate und Tagesinternate (VKIT) e.V.
Kaiserstraße 161, 53113 Bonn
Tel. 02 28/62 09 29 36, Fax 02 28/62 09 29 37
■ **Ausführliche Angaben siehe Seite 11 und Seite 42–47**

Verband Deutscher Privatschulverbände e.V.
Reinhardtstraße 18, 10117 Berlin
Tel. 0 30/28 44 50 88-0, Fax 0 30/28 44 50 88-9
■ **Ausführliche Angaben siehe Seite 48–54**

Die Internate Vereinigung e.V.
Postfach 15 41, 61405 Oberursel (Taunus)
Tel. 0 61 72/9 08 11 41, Mobil: 01 76/20 20 05 89
■ **Ausführliche Angaben siehe Seite 55–58**

Christophorusinternate im Christlichen Jugenddorfwerk Deutschlands e.V. (CJD – Die Chancengeber)
Teckstr. 23, 73061 Ebersbach (Fils)
Tel. 0 71 63/93 01 74, Fax 0 71 63/93 01 74
■ **Ausführliche Angaben siehe Seite 59–63**

Evangelische Internate Deutschland EID
Tel. 01 52/05 24 25 79, Internet: www.evangelische-internate.info
■ **Ausführliche Angaben siehe Seite 64–67**

Zweckverband Bayerische Landschulheime
Elisabethstr. 25/II, 80796 München
Tel. 0 89/27 81 40-0, Fax 0 89/27 81 40-23
■ **Ausführliche Angaben siehe Seite 68–70**

Adressen:

Fortsetzung Internats- und Schulverbände in Deutschland

Deutscher Olympischer Sportbund/
Geschäftsbereich Leistungssport
Otto-Fleck-Schneise 12, 60528 Frankfurt am Main
Tel. 0 69/6 70 02 42, Fax 0 69/67 00 12 42

Bund der Freien Waldorfschulen
Wagenburgstr. 6, 70184 Stuttgart
Tel. 07 11/2 10 42-0

Internatsverband in der Schweiz

Informations- und Beratungsstelle des Verbandes
Schweizerischer Privatschulen (VSP)
Hotelgasse 1, Postfach, CH-3001 Bern
Tel. 00 41/31/328 40 50, Fax 00 41/31/328 40 55

■ **Ausführliche Angaben siehe Seite 71–73**

Internatsberatungen

Die große Auswahl an Internaten, die verschiedenen pädagogischen Konzepte, verbunden mit all den unterschiedlichen Schwerpunkten und ihren Besonderheiten, die ein Internat prägen, können bei Eltern zunächst eine Verunsicherung bzgl. der Frage auslösen: welches Internat das „ideale", das „geeignetste", das „richtige", das „beste" ist. Sollte dies der Fall sein, kann eine Internatsberatung sehr hilfreich sein.

Internatsberatungen lassen sich in drei Kategorien einteilen:

- Alle Internatsverbände bieten Internatsberatungen an. Dort erhalten Sie ausführliche Informationen über all die Internate, die sich im Verband zusammengeschlossen haben. Die Verbandsberatungen werden von den Verbänden getragen und finanziert.

- Außerdem gibt es Internatsberatungen, die mit verschiedenen Internaten Verträge abgeschlossen haben. Wird ein Kind über diese Form der Internatsberatung vermittelt, bezahlen die Internate der Internatsberatung eine Provision.

- Und es gibt die Art von Internatsberatung, die weder Verträge mit Internaten abschließt noch auf die Finanzierung von Verbänden zurückgreifen möchte. Die Eltern bezahlen eine Beratungsgebühr. Dadurch soll eine stärkere Unabhängigkeit bei der Beratung gegeben sein.

Ganz gleich, für welche Form der Internatsberatung sich Eltern entscheiden, sobald sie sich nach den Auswahlkriterien und nach der Art der Abrechnung erkundigen, können sie die Internatsberatung den o.g. Kategorien zuordnen.

Wichtig ist, dass sich die Internatsberatung Zeit für Eltern und Kind nimmt und auf all die Fragen eingeht, die sich stellen. Die endgültige Entscheidung, welches Internat das „richtige" ist, sollten letztendlich immer die Eltern zusammen mit ihrem Kind treffen, nachdem eine kleine Auswahl von 2–3 Internaten besucht wurde.

Auf den folgenden Seiten finden Sie zunächst einen Gesamtüberblick über die Internatsberatungen, im Anschluss daran stellen sich die verschiedenen Internatsberatungen ausführlich dar.

Die Reihenfolge ist rein zufällig und stellt keinerlei Präferenz dar.

Adressen:

Internatsberatungen

Internatsberatungen für Internate in Deutschland

VKIT Katholische Internatsberatungsstelle

Im Ort 13b, 53343 Wachtberg
Tel. 02 28/62 09 29 36, Fax 02 28/62 09 29 37

■ **Ausführliche Angaben siehe Seite 11 und Seite 42-47**

Internatsberatung Evangelische Internate Deutschland

Tel. 01 52/05 24 25 79
www.evangelische-internate.info

■ **Ausführliche Angaben siehe Seite 64–67**

Fortsetzung auf den folgenden Seiten.

Adressen:

Internatsberatungen für Internate im In- und Ausland

Ulrich Kindscher: Internats- und Bildungsberatung
Flurstraße 3, 82049 Pullach
Tel. 0 89/7 93 03 47, Fax 0 89/7 93 03 00
■ Ausführliche Angaben siehe Seite 80

Riedenauer Education/SIB Schul- und Internats-Beratung
Büro München
Isabellastraße 17, 80798 München

Büro Mülheim
Kesselbruchweg 85a, 45478 Mülheim an der Ruhr
Tel. 0 89/28 67 35 61, Fax 0 89/28 67 35 62

Töchter und Söhne
Dr. Detlef Kulessa
– Abeggstraße 2, 65193 Wiesbaden
– Schleiermacherstraße12, 64283 Darmstadt
Tel. 06 11/1 80 58 80

ssb Nottebohm Internatsberatung
Bergstraße 124, 69121 Heidelberg
Tel. 0 62 21/9 85 09-50, Fax 0 62 21/9 85 09-52

Carl Duisberg Centren – Internationale Schulprogramme
Hansaring 49–51, 50670 Köln
Tel. 02 21/16 26-201, Fax 02 21/16 26-217

Learning in Britain
Die Schule und Bildungsberatung der Agentur „Friends for Families"
Steinbacher Straße 10 a, 91166 Georgensgmünd, Tel. 0 91 72/68 41 01

Petra Moje
Bahnhofstr. 34–36, 21614 Buxtehude
Tel. 0 41 61/72 27 820, info@petramoje.de, www.petramoje.de

Euro-Internatsberatung
Schackstraße 3, 80539 München
Tel. 0 89/45 55 55-0, E-Mail: info@internatsberatung.com

Better School! Internatsberatung GmbH
Dr. Juliane von Bülow
Lenzhalde 68, 70192 Stuttgart
Tel. 07 11/46 91 79 40, Fax 07 11/46 91 79 49

Petra Heinemann – Internationale Schulberatung
Alsterchaussee 5, 20149 Hamburg
Tel. 0 40/54 80 30 75, Fax 0 40/54 80 30 76

Barbara Glasmacher – Internationale Schulberatungs GmbH
Herzogstr. 60, 80803 München
Tel. 0 89/3 84 05 40, Fax 0 89/38 40 54 20

INTEDU – International Education
Heidstraße 7, 42781 Haan
Tel. 0 21 29/3 45 66 54 oder 95 98 61, Fax 0 21 29/95 98 62

international Experience e.V.
www.international-experience.net

edufinder.com
www.edufinder.com, info@edufinder.com

Dr. Klaus Kampe – Internatsschulen-England
Office Berlin, Zelter Straße 6, 10439 Berlin
Tel. 0 30/28 04 58 39, Fax 0 30/97 00 47 53

rita wettengl BILDUNGSBERATUNG
Karlstr. 19, 80333 München
Tel. 0 17 65/21 97 266, rita@wettengl.org, www.wettengl.org

Internate in Baden-Württemberg

74740 Adelsheim
Eckenberg-Gymnasium Adelsheim
Eckenberg 1
Tel. 0 62 91/2 70

Gymnasium

79774 Albbruck-Unteralpfen
Schulwerk Collegium Musicum e.V.
Stiegstr. 115
Tel. 0 77 55/9 39 45-0

Private Europäische Musik-Realschule

97980 Bad Mergentheim
Bischöfliches Internat Maria Hilf
Marienstr. 3
Tel. 0 79 31/9 00 50

Internat
(Mitglied im VKIT)

■ ausführliche Angaben:
Seite 28 und Seite 86

76530 Baden-Baden
Schulstiftung Pädagogium Baden-Baden
Burgstraße 2
Tel. 0 72 21/3 55 90

Grund-, Realschule, Gymnasium,
3-jähriges Wirtschaftsgymnasium,
3-jähriges Sozialwissenschaftliches
Gymnasium

■ ausführliche Angaben:
Seite 88–89

88427 Bad Schussenried
Humboldt-Institut Bad Schussenried
Zellerseeweg 11
Tel. 0 75 22/9 88-0

Institut für Deutsch als Fremdsprache

■ ausführliche Angaben:
Seite 24–25 und Seite 87

88255 Baindt
Schule für Blinde und
Sehbehinderte Baindt
Tel. 0 75 02/94 19-0

Grundschule,
Heimsonderschule für Blinde
und mehrfach Behinderte

69245 Bammental
Kurpfalz Internat
Diersteinstr. 1–7
Tel. 0 62 23/9 61-0

Realschule, Gymnasium

■ ausführliche Angaben:
Seite 90

88276 Berg
Martinshaus Kleintobel
Martinstr. 41
Tel. 07 51/88 84-0

Einrichtung der Jugendhilfe

89143 Blaubeuren
Ev. Seminar Blaubeuren
Klosterhof 2
Tel. 0 73 44/96 26-12

Gymnasium

■ ausführliche Angaben:
Seite 100

89584 Ehingen/Donau
Kolleg St. Josef
Müllerstr. 8
Tel. 0 73 91/7 70 20

Schülerheim, Berufsfachschule,
Gymnasium, Realschule, Aufbau-
gymnasium, Hauptschule
(Mitglied im VKIT)

■ ausführliche Angaben: Seite 91

70736 Fellbach
Bundesstützpunkt und Landesleistungszentrum (KSG)
Staffelweg 6/1, Tel. 07 11/51 31 92

Sportinternat

77723 Gengenbach
Fachschule für Sozialpädagogik
Parkweg 5, Tel. 0 78 03/93 36-0

Berufsfachschule mit Internat

69115 Heidelberg
F+U Internat
Kurfürsten-Anlage 70
Tel. 0 62 21/70 50 100

Realschule, Berufliches Gymnasium, verschiedener Richtungen, Berufskollegs, Internationale Sprachschule

69115 Heidelberg
HPC Schulen Rhein-Main-Neckar gGmbH
Kurfürsten-Anlage 64-68
Tel. 0 62 21/89 94-29 82

Grundschule bis Gymnasium

69120 Heidelberg
Heidelberg College
Neuenheimer Landstraße 16
Tel. 0 62 21/43 62 17 oder 40 77 19

Gymnasium

■ ausführliche Angaben: Seite 92

79856 Hinterzarten
Schule Birklehof
Birklehof 1, Tel. 0 76 52/1 22-22

Gymnasium und Internat

■ ausführliche Angaben: Seite 94–95

74592 Kirchberg/Jagst
Schloss-Schule Kirchberg
Schulstraße 4
Tel. 0 79 54/98 02-0

Gymnasium, Grundschule, Hauptschule, Realschule, Werkrealschule

■ ausführliche Angaben: Seite 96

78126 Königsfeld
Zinzendorfinternat
Mönchweilerstraße 5
Tel. 0 77 25/93 81 60

Allgemeinbildendes Gymnasium (8-jähriger Bildungsgang, 9-jähriger Bildungsgang), Realschule, Sozialwissenschaftliches Gymnasium, Wirtschaftsgymnasium, 2-jährige Berufsfachschule (Hauswirtschaft und Ernährung sowie Wirtschaft), Erzieherausbildung

■ ausführliche Angaben: Seite 97

74653 Künzelsau
Schlossgymnasium Künzelsau
Schlossplatz 3
Tel. 0 79 40/9 15 80

Gymnasium, Aufbaugymnasium, Sportprofil, Musikprofil, gebundene Ganztagsschule

77933 Lahr/Schwarzwald
Clara-Schumann-Gymnasium Lahr
Christoph-Schmitt-Str. 3
Tel. 0 78 21/9 29 10

Aufbaugymnasium

71636 Ludwigsburg
Sport-Teilzeitinternat
Kaiserstr. 14, Tel. 0 71 41/2 98 47 61

Sport-Vollzeitinternat
Kaiserstr. 14, Tel. 01 77/8 52 07 07

Leistungssportinternate für ausgewählte Sportarten

75433 Maulbronn
Ev. Seminar Maulbronn
Gymnasium mit Internat
Klosterhof 16
Tel. 0 70 43/9 55 09-0

Gymnasium

ausführliche Angaben: Seite 101

88709 Meersburg
Droste-Hülshoff-Gymnasium Meersburg
Seminarstr. 8–10
Tel. 0 75 32/4 32 50

Aufbaugymnasium

79249 Merzhausen
Die Brücke
Freiburger Ergänzungsschule
Am Rohrgraben 1
Tel. 07 61/7 52 30

Private Realschule, Möglichkeit zum Hauptschulabschluss

74544 Michelbach an der Bilz
Evangelisches Schulzentrum Michelbach
Hagenhofweg 35
Tel. 07 91/93 01 60

Realschule, Gymnasium, Aufbaugymnasium

ausführliche Angaben: Seite 93

72116 Mössingen
Firstwald Internat
Firstwaldstr. 36–58
Tel. 0 74 73/70 02 80

Gymnasium

69151 Neckargemünd
SRH Stephen-Hawking-Schule
Im Spitzerfeld 25, Tel. 0 62 23/81-3005

Realschule, Werkrealschule, allgemeines Gymnasium, Wirtschaftsgymnasium, Sozialwissenschaftliches Gymnasium, Wirtschaftsschule, Sonderberufsfachschule Ernährung und Gesundheit

72108 Rottenburg
Musisches Internat Martinihaus
Sprollstr. 27
Tel. 0 74 72/9 84 10

Schülerheim
(Mitglied im VKIT)

ausführliche Angaben: Seite 102–103

72108 Rottenburg
Schülerinnenwohnheim der Liebfrauenschule
Liebfrauenhöhe 7,
Tel. 0 74 57/72-403(-441)

Schülerinnenheim
(Mitglied im VKIT)

78628 Rottweil
Konvikt Rottweil
humanistisch-musisches Internat
Johannsergasse 1
Tel. 07 41/53 27-0

Schülerheim
(Mitglied im VKIT)

ausführliche Angaben: Seite 98

74343 Sachsenheim
Evang. Lichtenstern-Gymnasium
Sachsenheim
Ludwigsburger Str. 34
Tel. 0 71 47/99 40

Aufbaugymnasium

88682 Salem
Schule Schloss Salem
Schlossbezirk 1
Tel. 0 75 53/9 19-352

Gymnasium, International Baccalaureate

■ **ausführliche Angaben: Seite 106–107**

89601 Schelklingen
Urspringschule
Urspring 1, Tel. 0 73 94/2 46-11

Grundschule, Gymnasium

■ **ausführliche Angaben: Seite 104**

73525 Schwäbisch Gmünd
Landesgymnasium für Hochbegabte
Universitätspark 21
Tel. 0 71 71/10 43 81 00

Gymnasium

■ **ausführliche Angaben: Seite 99**

70184 Stuttgart
Merz Internat
(VDP-Europaschule)
Albrecht-Leo-Merz-Weg 2
Tel. 07 11/2 10 34-0

Krippe, Kindergarten,
Grundschule, Hort,
Gymnasium, Internat ab Kl. 5

■ **ausführliche Angaben: Seite 108–109**

79837 St. Blasien
Kolleg St. Blasien
Internationales Jesuitengymnasium
mit Internat für Jungen und Mädchen
Fürstabt-Gerbert-Str. 14, Tel. 0 76 72/27-0

Gymnasium mit Aufbaugymnasium
(Mitglied im VKIT)

■ **ausführliche Angaben: Seite 105**

70372 Stuttgart
Sportinternat im Haus der Athleten
Mercedesstr. 83, Tel. 07 11/54 99 81 11

Olympiastützpunkt

97941 Tauberbischofsheim
„Modell Tauberbischofsheim"
„Haus der Athleten" – Berghof II
Pestalozziallee 12, Tel. 0 93 41/8 09-0

Sportinternat

88639 Wald
Kloster Wald –
Gymnasium und Internat für Mädchen
Von-Weckenstein-Straße 2
Tel. 0 75 78/1 88-0

4. Kl. Grundschule, 5.–12. Kl. Gymnasium
(G8), Internat ab 4. Kl.
(Mitglied im VKIT)

■ **ausführliche Angaben: Seite 110**

Bischöfliches Internat Maria Hilf

Siehe auch Seite 28

EINE EINRICHTUNG DER MARCHTALER INTERNATE MIT KOPF, HERZ UND HAND

VKIT Verband Katholischer Internate und Tagesinternate

Name und Anschrift:
Bischöfliches Internat Maria Hilf
Marienstr. 3, 97980 Bad Mergentheim
Tel. 0 79 31/9 00 50
Fax 0 79 31/90 05 20
www.bimh.net, mail@bimh.net

Name des Trägers:
Diözese Rottenburg-Stuttgart

Internatsleitung:
Diakon Andreas Reitzle, Rektor

Schularten: Internat mit Anschluss an die öffentlichen Schulen

Schulische Ausrichtung:
Gymnasium, Realschule, Gemeinschaftsschule, SBBZ, Grundschule, weiterführende Schulen

Konfession: kath./ev./andere

Sprachenfolge: entsprechend G8

Internatsplätze:
w.: 35, m.: 35

Klassenstärke:
ca. 15–20

Externe Schüler: 30

Kosten/Monat:
ab € 380,– (abhängig von Einkommen und Anzahl der eigenen Kinder)

Nebenkosten/Monat:
ca. € 65,–
(Schul- und Freizeitbedarf, Fahrkarten)

Pädagogische Schwerpunkte/Besonderheiten:
Grundlage der pädagogischen Arbeit im Internat Maria Hilf ist der Marchtaler Internatsplan. Es handelt sich hierbei um ein ganzheitliches Erziehungs- und Bildungskonzept, das junge Menschen unter Berücksichtigung entwicklungspsychologischer Gesichtspunkte in allen wesentlichen Dimensionen ihres Lebens fördern und auf ihrem Weg zum Erwachsen werden begleiten will. Neben der intensiven schulischen Begleitung und Förderung bietet das Internat den Kindern und Jugendlichen durch ein breites Spektrum von AGs und Aktivitäten vielfältige Entfaltungsmöglichkeiten.

Tag der offenen Tür: Termine nach individueller Vereinbarung

Humboldt-Institut Bad Schussenried

Siehe auch Seite 24–25

Name und Anschrift:
Humboldt-Institut Bad Schussenried
Zellerseeweg 11
88427 Bad Schussenried
Tel. 0 75 22/9 88-0
www.humboldt-institut.org
info@humboldt-institut.org
f humboldt.institut

Name des Trägers:
Humboldt-Institut e.V.

Internatsleitung:
Anja Gebauer

Schulleitung:
Kathrin Kroker

Schulstatus:
private Bildungseinrichtung
für Deutsch als Fremdsprache

Schularten:
Institut für Deutsch als Fremdsprache

Schulische Ausrichtung:
sprachliche Vorbereitung von Schülern,
die nicht Deutsch als Muttersprache sprechen

Konfession:
nicht gebunden

Sprachenfolge:
es wird ausschließlich Deutsch als
Fremdsprache unterrichtet

Internatsplätze:
300

Klassenstärke: ca. 10

Externe Schüler:
keine

Kosten/Monat:
€ 3.680,–

Nebenkosten/Monat:
keine

Pädagogische Schwerpunkte/Besonderheiten:
- intensiver Deutschunterricht für nicht-muttersprachliche Schüler zur Vorbereitung auf den Besuch deutscher Internatsschulen
- spezielle Vorbereitungskurse zur Vermittlung fachsprachlicher Kenntnisse zur leichteren Integration internationaler Schüler in deutsche Internatsschulen
- ganzjährig Deutschkurse für Kinder und Jugendliche (10-17 Jahre) ab 2 Wochen Dauer

Tag der offenen Tür:
Bitte individuelle Besichtigungstermine vereinbaren.

Schulstiftung Pädagogium Baden-Baden

Name und Anschrift:
Schulstiftung Pädagogium Baden-Baden
Burgstr. 2, 76530 Baden-Baden
Tel. 0 72 21/35 59-0
Fax 0 72 21/35 59-4 44
www.Paeda.net, Info@Paeda.net

Name des Trägers:
Schulstiftung Pädagogium Baden-Baden
Gemeinnützige Bildungsgesellschaft mbH

Internatsleitung: Familie Büchler

Schulleitung: Familie Büchler

Schulstatus:
alle Schulen sind staatlich anerkannt

Schularten:
Grund-, Realschule, Gymnasium, 3-jähriges Wirtschaftsgymnasium, 3-jähriges Sozialwissenschaftliches Gymnasium

Schulische Ausrichtung:
naturwissenschaftliches und sprachliches Profil, ganzheitliches Bildungsangebot, individuelle Förderung

Konfession:
nicht gebunden

Sprachenfolge:
Gymnasium: E, Fr, S oder Naturwissenschaften (NWT)
Realschule: E, ab Kl. 7 F, Technik oder AES
Berufliche Gymnasien: E, S

Internatsplätze:
w.: 45, m.: 75

Klassenstärke:
ca. 16–20

Externe Schüler:
540 Ganztagesschüler

Kosten/Monat:
€ 1.750,– /Klaus J. Büchler
Leistungsstipendium und Sozialstipendien auf Anfrage

Nebenkosten/Monat: keine

Pädagogische Schwerpunkte/Besonderheiten:
Siehe nächste Seite.

Tag der offenen Tür: Samstag, 27.2.2021 - mit Anmeldung über die Homepage.
Individuelle Gesprächstermine nach Vereinbarung.

Fortsetzung folgende Seite

Miteinander Leben, Lernen und Lehren

Leben in der Gemeinschaft

Kleine und große Internatsschüler*innen leben mit ihren Erziehern*innen direkt auf dem Schulcampus. Dort erfahren Sie Verständnis und Geborgenheit. Wir bieten ein strukturiertes und individualisiertes Lern- und Lebensumfeld für alle Altersstufen. Wir legen Wert auf eine vertrauensvolle Zusammenarbeit mit den Eltern unserer Schüler*innen.

Lehrer als Gastgeber

mit unserem ***Unterrichtskonzept „Lehrer als Gastgeber"*** bieten wir für jedes Fach speziell ausgestattete Räume, die gleichzeitig als Büro für den jeweiligen Lehrer dienen. Hierdurch verbessern wir die Rahmenbedingungen für einen optimalen Unterricht und schaffen eine positive Lernatmosphäre..

Tägliche Lernberatung und Hilfe bei Hausaufgaben

Fachlehrer*innen stehen jeden Tag in der Zeit von 15:15 Uhr bis 17:00 Uhr für individuelle ***Fragen oder Probleme*** bei den Hausaufgaben, Fragen zum Unterrichtsstoff oder zur Vorbereitung auf Klassenarbeiten den Schülern*innen zur Verfügung. In der Unterstufe werden die Hausaufgaben im Klassenverband in der Studierzeit angefertigt.

Freizeiten und Arbeitsgemeinschaften

Jeden Tag gibt es eine Vielzahl an Freizeiten und Arbeitsgemeinschaften. Die Schüler*innen können zwischen sportlichen, kreativen, musischen und sozialen Aktivitäten wählen.
In den Oster- und Sommerferien bieten wir betreute Feriencamps (Fußball, Reiten, Tennis, Golf, Hochseesegeln) auch für Schulfremde an. Nähere Informationen findet man auf der Homepage.

Schule auf dem Campus

Mit unserem ***Mensa- und Cafeteriabereich*** mit Kiosk im Zentrum des Schulgeländes, ***Aufenthalts-, Freizeit- und Lernräumen für unsere Schüler*innen*** schaffen wir vielfältige Möglichkeiten des Miteinanders. Wir leben, lernen und lehren gemeinsam auf dem Schlossberg in Baden-Baden.

Kurpfalz Internat

SUMMER SCHOOL AM KURPFALZ INTERNAT

Name und Anschrift:
Kurpfalz Internat
Diersteinstr. 1–7, 69245 Bammental
Tel. 0 62 23/9 61-0
Fax 0 62 23/4 94 67
www.kurpfalz-internat.de
sekretariat@kurpfalz-internat.de

Name des Trägers:
Kurpfalz-Internat gemeinnützige BetriebsGmbH

Internatsleitung: Louis Suttmann

Schulleitung: Christine Bauer

Schulstatus: staatl. anerkannte Ersatzschule

Schularten: Realschule, Gymnasium

Schulische Ausrichtung: alle Züge

Konfession: nicht gebunden

Sprachenfolge: E/F, E/L, E/F/Sp, E/L/Sp, I und R bzw. abweichende Sprachenfolgen auf Wunsch möglich

Internatsplätze: w.: 60, m.: 120

Klassenstärke: max. 10 Schüler pro Kl.

Externe Schüler: ca. 10 bis 15

Kosten/Monat: Kl. 7–9: € 3.400,– ab Kl. 10: € 3.500,–

Nebenkosten/Monat: nach Verbrauch

Pädagogische Schwerpunkte/Besonderheiten: Das Kurpfalz-Internat fördert Schülerinnen und Schüler mit Potenzial, die dieses an ihrer Schule noch nicht voll ausschöpfen. Klassen mit höchstens 10 Schülerinnen und Schülern bieten eine optimale und individuelle Vorbereitung auf das Abitur oder den Realschulabschluss. Ergänzende Fördermaßnahmen wie Methodentraining, Individualcoaching, in den Stundenplan integrierte Nachhilfe und feste Hausaufgabenzeiten sind wesentliche Bestandteile des Konzepts. Bei LRS und Dyskalkulie werden individuelle Einzeltherapien angeboten. Mehr als 50 außerschulische Aktivitäten stehen jede Woche zur Wahl – z.B. Golf, Tennis, Basketball, Fitness, Fußball, Reiten, Fechten, Biking, Klettern, Theaterclub, Kochkurse, Patisserie, Malerei und vieles mehr. Während des Schullockdowns Video Teaching nach regulärem Stundenplan und Online-Freizeitprogramm – kein Stundenausfall! Mit dem Kurpfalz-Internat löwenstark durch die Krise! Im Sommer wird eine zweiwöchige Summer School in den Fächern Mathematik, Deutsch, Deutsch als Fremdsprache, Englisch, Französisch, Latein, Spanisch sowie ein intensives Training für Legastheniker angeboten. Die perfekte Möglichkeit, um „coronabedingte" Lücken aufzuarbeiten oder sich intensiv auf die nächste Klassenstufe vorzubereiten.

Tag der offenen Tür: Eine individuelle Terminvereinbarung ist jederzeit möglich. Zusätzlich wird in jedem Monat ein Informationstag angeboten. Termine unter www.kurpfalz-internat.de.

Kolleg St. Josef

Name und Anschrift:
Kolleg St. Josef
Müllerstr. 8, 89584 Ehingen (Donau)
Tel. 0 73 91/77 02-0, Fax 0 73 91/77 02-17
www.kollegstjosef.de, info@kollegstjosef.de
f kollegstjosef

VKIT Verband Katholischer Internate und Tagesinternate

EINE EINRICHTUNG DER MARCHTALER INTERNATE
MIT KOPF, HERZ UND HAND

Name des Trägers:
Diözese Rottenburg-Stuttgart

Internatsleitung: Direktor Johannes Krickl

Schulstatus: Öffentliche Schulen und staatlich anerkannte Privatschule (Jungen- und Mädchenförderung)

Schularten:
Öffentliche Schulen: Gymnasium allgemein,beruflich (WG, TG, SG); BK 1/BK 2; Realschule; Werkrealschule; BFS; Hauptschule. Staatl. anerkannte Jungenrealschule im Kolleg St. Josef (Jungenförderung/Marchtaler Plan) Staatl. anerkannte Mädchenrealschule Obermarchtal (Marchtaler Plan); Studienkolleg Obermarchtal (Marchtaler Plan/Aufbaugymnasium) ab Kl. 11.

Konfession (Internat):
kath., offen für andere Konfessionen

Sprachenfolge:
vielfältig

Internatsplätze:
60 (männl./weibl.)

Externe Schüler:
Tagesinternat & Schülerhort (Kl. 1–13)

Kosten/Monat:
ab € 530,–
(einkommens- und familienabhängig)

Pädagogische Schwerpunkte/Besonderheiten:
Nach dem ganzheitlich orientierten Marchtaler Internatsplan; geregelter Tagesablauf; individuelle Förderung der schulischen und persönlichen Entwicklung des Kindes; großzügiges Raumangebot: Turnhalle, Sportplätze, Freibad, Beachvolleyballplatz u.a.; Internationales Projekt mit China und anderen Ländern machen Sprache und Kultur erlebbar.

Tag der offenen Tür: siehe Homepage

Heidelberg College

Name und Anschrift:
Heidelberg College
Neuenheimer Landstr. 16, 69120 Heidelberg
Tel. 0 62 21/43 62 17 oder 40 77 19
Fax 0 62 21/41 05 99
www.heidelberg-college.de
info@heidelberg-college.de

Name des Trägers: Dr. Holzberg und Sohn

Internatsleitung: OStD E.-J. Holzberg

Schulleitung: OStD E.-J. Holzberg

Schulstatus: staatlich anerkannt

Schularten: 8-jähriges Gymnasium

Schulische Ausrichtung: neusprachliches Profil, naturwissenschaftliches Profil, Sportprofil, Kunstprofil

VDP

Konfession: nicht gebunden

Sprachenfolge:
E, F, Sp oder E, L, Sp
E, F o. E, L u. NWT ab Kl. 8 als Hauptfach
E, F o. E, L u. Sport ab Kl. 8 als Hauptfach
E, F o. E, L u. Kunst ab Kl. 8 als Hauptfach

Internatsplätze:
w.: 20, m.: 23

Klassenstärke: 22–25

Externe Schüler: 480

Kosten/Monat: € 1.200,–

Nebenkosten/Monat: ca. € 50,–

Pädagogische Schwerpunkte/Besonderheiten:
Offizielle „Digitale Schule" (Digitale Dienste, Digitale Infrastruktur und Digitale Kompetenzen), I-Pad Klassen. In Kl. 5: Computereinführung, soziales Lernen, Werken. Ab Kl. 6: zweite Fremdsprache Latein oder Französisch. Ab Kl. 8: das Hauptfach (=Profilfach) Spanisch oder Naturwissenschaft und Technik, Bildende Kunst oder Sport. Günstige Klassengrößen, intensive Hausaufgabenbetreuung in Gruppen, zahlreiche Arbeitsgemeinschaften, abwechslungsreiches Freizeitangebot, persönliche Atmosphäre und individuelle Betreuung. Die Internen verbringen das Wochenende in der Familie. Schüleraustausch mit England, Frankreich und Spanien.
Skifreizeit in Kl. 7 und Stufenfahrten nach Rom, Portugal und Malta.
Sozialpraktikum SEA (soziales Engagement im Altenheim) in Kl. 10. 4 x Zeugnisse in einem Schuljahr.

Förderprogramm: D-Unterstufe; Sprachen-Kl. 7-10; M-Kl. 7-Jgst. 2; Teilnahme Hector Seminar u. Teilnahme Wettbewerbe, Theaterkooperation, Skilandheim Kl. 7, fachlich geschulte Beratungslehrer, digitale Klassenzimmer.

Evangelisches Schulzentrum Michelbach

Evangelische Internate Deutschlands

Name und Anschrift:
Evangelisches Schulzentrum Michelbach
Hagenhofweg 35
74544 Michelbach an der Bilz
Tel. 07 91/9 30 16-0
Fax 07 91/9 30 16-63
www.eszm.de, www.internat-michelbach.de
info@eszm.de, internat@eszm.de

Name des Trägers: Schulstiftung der Ev. Landeskirche Württemberg

Internatsleitung: René Wahl (rene.wahl@eszm.de)

Schulleitung: Gymnasien : OStD iK Ralph Gruber; Realschule: Rektor iK Achim Meindel

Schulstatus: Freie Schule mit staatlichanerkannten Abschlüssen (Mittlere Reife,FH-Reife, Abitur)

Schularten: Aufbaugymnasium (Kl. 8–13), Gymnasium und Realschule

Schulische Ausrichtung: Gymnasium und Aufbaugymnasium mit unseren drei Profilen: Musik; Diakonie - Soziale Arbeit; NaTuR (Naturwissenschaft,Technik und Religion). Realschule: Wahlpflichtfach Diakonie/AES,Technik und Französisch. Unicorns Academy: erste schulische Academy für American Football in Kooperation mit den Schwäbisch Hall Unicorns. Brass Academy in Kooperation mit Grundschulen und außerschulischen Partnern.

Konfession: nicht gebunden, evangelischer Religionsunterricht Pflicht

Sprachenfolge: E-F, im ABG ab Kl. 11 Sp

Internatsplätze: w.: 60, m.: 60

Klassenstärke: 15–30

Externe Schüler: 521

Kosten/Monat: Internat: € 1.475,–; mit BaföG -Unterstützung bis zu 100%-Förderung möglich; Ganztagesschule ab € 215,– inkl. Betreuung und Verpflegung.

Pädagogische Schwerpunkte/Besonderheiten:
Enge Zusammenarbeit mit den Elternhäusern; individuelle Lernförderung; fachgebundene Nachhilfeangebote; großes Freizeitangebot; Atelier/Kreativwerkstatt; tiergestützte Pädagogik; Präventionskonzept.

Tag der offenen Türe: Februar 2022 (genauer Termin unter www.eszm.de)

Schule Birklehof

Name und Anschrift:
Schule Birklehof e. V.
Birklehof 1, 79856 Hinterzarten
Tel. 0 76 52/1 22-22, Fax 0 76 52/1 22-23
www.birklehof.de, aufnahme@birklehof.de

Name des Trägers:
Schule Birklehof e. V. (gemeinnützig)

Internatsleitung: Dr. Rolf Schuster
Aufnahmebüro: Nora Hegyi, Manja Simon

Schulleitung: Henrik Fass

Schulstatus: staatlich anerkannt

Schulart: Gymnasium (G8)

Schulische Ausrichtung: musisch-künstlerisch (Erweitertes Musikprofil), naturwissenschaftlich-technisch (MINT), sprachlich-international (3 Fremdsprachen)

Konfession: nicht gebunden

ROUND SQUARE

die internate VEREINIGUNG e.V.

+MINT TALENTFÖRDERUNG

Cambridge English Exam Preparation Centre

Sprachenfolge: Kl. 5: E, Kl. 6: L oder F, ab Kl. 8: Sp als Wahlfach im Internationalen Profil (E-L-Sp oder E-F-Sp)

Internatsplätze: ca. 150

Klassenstärke: 10–19, Ø14

Externe Schüler/innen: ca. 70

Kosten: (Schuljahr 2021/2022) Schule und Internat: € 3.510,–/Monat; umfangreiches Stipendienprogramm. Geschwisterrabatt: 2. Kind 50 %, jedes weitere 75 %

Nebenkosten/Monat:
nach Verbrauch

Pädagogische Schwerpunkte/Besonderheiten: ganzheitliches Erziehungskonzept mit ausgeprägter Schülermitverantwortung; engagierte und kompetente Lehrkräfte; Mentorinnen und Mentoren als persönliche Vertrauenspersonen; Cambridge-Kurse mit Zertifikats-Prüfungen für Englisch; internationale Musik-Prüfungen ABRSM; Lese-Rechtschreib-Therapie; Förderprogramme für Mathematik, Deutsch und Französisch; Lerncoaching und Nachhilfe in den Kernfächern; flächendeckende digitale Infrastruktur; „Birklehofstunden" wie Schulversammlung, Spielstunde, Instrumentalklasse, Erlebnissport; erlebnispädagogisch gestaltete Unternehmungen; Berufs- und Studienwahlberatung; breites Angebot an Arbeitsgemeinschaften: Musik, Kunst, Theater, Sport, Handwerk, MINT, Rhetorik uvm.; Teilnahme an Wettbewerben wie „Jugend forscht"; Schüleraustausch mit weltweit über 200 Round-Square-Schulen; bewährtes Sicherheits- und Hygienekonzept.

Beste Chancen für Ihr Kind – Schule Birklehof · Privates Internat & Gymnasium

Familiär, herzlich, überschaubar: Das zeichnet uns als Internat und staatlich anerkanntes Gymnasium aus. Wir gehen individuell auf jede Schülerin und auf jeden Schüler ein. Wir erkennen die Potenziale Ihres Kindes, bringen sie zur Entfaltung und machen es stark für die Zukunft.

Individuelle Förderung mit einem ganzheitlichen Konzept

Unser Unterricht in kleinen Klassen schafft Raum für Begegnung und fordert zur Auseinandersetzung auf. In unseren akademischen Schwerpunkten, dem Erweiterten Musik-Profil, dem MINT-Profil (Mathematik, Informatik, Naturwissenschaften, Technik) und dem Internationalen Profil, kann Ihr Kind seine Talente entdecken und ausbilden – im Unterricht und darüber hinaus, etwa in Arbeits- und Interessensgemeinschaften, bei Wettbewerben oder in Talentförderprogrammen.
Ein engagiertes wie kompetentes Lehrerkollegium, kleine Klassen und Kurse, Unterricht, der Begegnung und Beteiligung herausfordert, ein Klima der Fairness sowie das ganzheitliche Erziehungsprogramm – am Birklehof findet Ihr Kind beste Voraussetzungen, den anspruchsvollen Lehrplan (Abitur Baden-Württemberg, G8) mit Freude zu erfüllen. Hier erlebt es den starken Zusammenhalt unserer vielfältigen Schulgemeinschaft und gewinnt Freunde fürs Leben.

Breite Entfaltungsmöglichkeiten in unverfälschter Natur

Der Birklehof ist eingebettet in die Natur des Hochschwarzwalds und wird geprägt von der internationalen Kultur des Dreiländerecks. Auf 900 m Höhe gelegen ist er idealer Ausgangspunkt für Outdooraktivitäten wie Skifahren, Snowboarden, Klettern oder Mountainbiken. Daneben stehen Ballsportarten, Golf, Badminton, Hockey oder Rugby zur Auswahl. Freiburg mit seinem vielfältigen kulturellen Möglichkeiten ist in 30 Minuten mit der S-Bahn zu erreichen.
Unser musisch-künstlerisches Angebot ist weitgefächert und umfasst Gesangs- und Instrumentalunterricht, Bigband, Ensembles, Chor, Theater, Video oder Malerei. In Arbeitsgemeinschaften wie Politik oder Rhetorik entwickeln die Kinder und Jugendlichen ihre kommunikativen und sozialen Kompetenzen ebenso wie im erlebnispädagogischen Programm. Mit verpflichtenden Diensten leisten sie einen Beitrag für die Gemeinschaft und lernen, Verantwortung zu tragen.

Tag der offenen Tür: www.birklehof.de/infotag
Vereinbaren Sie Ihren persönlichen Termin unter 0 76 52/1 22-22.

Schloss-Schule Kirchberg

die internate VEREINIGUNG e.V. VDP

Name und Anschrift:
Schloss-Schule Kirchberg
Schulstraße 4, 74592 Kirchberg/Jagst
Tel. 0 79 54/98 02-0
Fax 0 79 54/98 02-15
www.schloss-schule.de
info@schloss-schule.de
f SchlossSchuleKirchberg

Name des Trägers:
Stiftung Schloss-Schule
Kirchberg an der Jagst

Internatsleitung: Melanie Wies

Schulleitung: Alexander Franz

Schulstatus:
staatlich anerkanntes Gymnasium
in freier Trägerschaft

Schularten: Gymnasium; Grund-, Werkreal-, Haupt- und Realschulbesuch in Kooperation möglich

Schulische Ausrichtung:
musisch / künstlerisch / naturwissenschaftlich-technische bzw. theaterpädagogische Ausrichtung

Konfession:
nicht gebunden

Sprachenfolge:
E ab Kl. 5
F/L ab Kl. 6

Internatsplätze: gesamt 110

Klassenstärke: 12-20

Externe Schüler: ca. 240

Kosten/Monat: ca. € 2.500,–

Nebenkosten/Monat: ca. € 100,–

Pädagogische Schwerpunkte/Besonderheiten: Ganzheitliche Bildung und Erziehung, intensive Betreuung, individuelle Förderung, internationale Ausrichtung, methodisches und soziales Lernen, stärkenorientierte Berufs- und Studienvorbereitung; AGs: Reiten (bis ins hohe Niveau), Basketball (Kooperation mit Bundesligisten Crailsheim Merlins), Theater, Orchester, Chor, klassisches Ballett/Modern Dance, Sozialdienste, Fußball, Schach, Volleyball, Golf, Bogenschießen, Klettern, American Football ...; Schulpartnerschaften mit Polen, Frankreich, England; kulturelles Angebot in der „fabrik". Verpflegung: Frisch gekochtes Essen in schuleigener Küche (Berücksichtigung von Unverträglichkeiten, Ernährungsformen etc.). Unverbindliche Besichtigung und Probewohnen möglich.

Tag der offenen Tür: Februar / März (genauer Termin unter www.schloss-schule.de).

ZINZENDORF INTERNAT
Der individuelle Weg zum Ziel

1809

Staatlich anerkannte Schulen mit Internat
Kirchliche Trägerschaft der Herrnhuter Brüdergemeine

Zinzendorfinternat

die internate VEREINIGUNG e.V.

Evangelische Internate Deutschlands

Name und Anschrift:
Zinzendorfschulen
Mönchweilerstraße 5, 78126 Königsfeld
Tel. 0 77 25/93 81 60
Fax 0 77 25/93 81 29
www.zinzendorfschulen.de
www.zinzendorfinternat.de
info@zinzendorfschulen.de

Name des Trägers:
Evangelische Brüder-Unität

Schulleitung: Dr. Beate Biederbeck (OStD)

Schulstatus:
staatlich anerkannte Privatschulen

Schularten:
- Allgemeinbildendes Gymnasium
  8-jähriger Bildungsgang (G8)
  9-jähriger Bildungsgang (G9)
- Realschule
- Sozialwissenschaftliches Gymnasium
- Wirtschaftsgymnasium
- 2-jährige Berufsfachschule
  – Hauswirtschaft und Ernährung
  – Wirtschaft
- Erzieherausbildung

Schulische Ausrichtung:
Gymnasien mit Profil Naturwissenschaften, Sprachen, Kunst und Mediengestaltung, Pädagogik/Psychologie oder Wirtschaft.
Realschule mit den Wahlpflichtfächern Technik bzw. Alltagskultur, Ernährung und Soziales.
Fachschulreife, Ausbildung zum/zur Erzieher/in bzw. zum/zur Jugend- und Heimerzieher/in mit Fachhochschulreife.

Konfession: nicht gebunden

Sprachenfolge: E-F, E-F-Sp
L als spätbeginnende Fremdsprache

Internatsplätze: ca. 70

Klassenstärke: ca. 20–25

Externe Schüler: ca. 900

Kosten/Monat: ca. € 2.100,– bis € 2.700,–

Nebenkosten/Monat: individuell

Pädagogische Schwerpunkte/Besonderheiten:
Durchlässigkeit zwischen den Schularten für individuelle schulische Wege bis zum Abitur, intensive Lernunterstützung, Kunst, Theater, Musik, Sport, Golf-Internat.

Tag der offenen Tür: Besichtigung nach Absprache, Termin ganzjährig möglich.

KONVIKT ROTTWEIL
humanistisch-musisches Internat

Konvikt Rottweil

humanistisch-musisches Internat

VKIT Verband Katholischer Internate und Tagesinternate

EINE EINRICHTUNG DER MARCHTALER INTERNATE – MIT KOPF, HERZ UND HAND

Name und Anschrift:
Konvikt Rottweil
humanistisch-musisches Internat
Johannsergasse 1, 78628 Rottweil
Tel. 07 41/53 27-0
Fax 07 41/53 27-41
www.konvikt-rottweil.de
info@konvikt-rottweil.de

Name des Trägers:
Diözese Rottenburg-Stuttgart

Internatsleitung:
Direktor Martin Frank

Schularten: Unsere Schüler besuchen die öffentlichen Schulen der Stadt Rottweil: 3 allgemeinbildende Gymnasien (altsprachlich, neusprachlich, mathematisch-naturwissenschaftlich), Berufliche Gymnasien (WG, SG,TG, Biotechnologisches Gymnasium), Realschulen,Werkrealschulen

Schulische Ausrichtung:
Gymnasium, Realschule, Werkrealschule, Kooperation Musikgymnasium Trossingen

Konfession: kath./ev./andere

Internatsplätze: 50

Externe Schüler:
Schülertagesstätte mit Hausaufgabenbetreuung

Kosten/Monat:
ab € 590,– (einkommensabhängig)

Nebenkosten/Monat:
einmalige Aufnahmegebühr € 200,–

Pädagogische Schwerpunkte/Besonderheiten:
Arbeit nach dem ganzheitlich orientierten Marchtaler Internatsplan, Arbeitsgemeinschaften in den Bereichen Religion, Kultur, Sport, Kunst sowie eine Kooperation mit einem Pferdehof. Dazu ein breites Freizeitangebot, Klavierunterricht, Band und eine intensive Hausaufgabenbetreuung.

Landesgymnasium für Hochbegabte

Name und Anschrift:
Landesgymnasium für Hochbegabte mit Internat und Kompetenzzentrum
Universitätspark 21
73525 Schwäbisch Gmünd
Tel. 0 71 71/10 43 81 00
Fax 0 71 71/10 43 82 00
www.lgh-gmuend.de, info@lgh-gmuend.de

Schulstatus/Name des Trägers:
Staatliche Schule in Trägerschaft des Schulverbands Landesgymnasium für Hochbegabte

Schul- und Gesamtleitung:
Dr. Christoph Sauer

Leitung des Kompetenzzentrums:
Dr. Frank Prietz

Schularten: Gymnasium (G8)
7–12 mit 12 Klassen

Schulische Ausrichtung:
Hochbegabtenförderung

Konfession:
Ev. und kath. Religionsunterricht, Ethik

Sprachenfolge:
E, L, F in beliebiger Folge; dritte und vierte Fremdsprache: Sp, F, I, L, Gr in beliebiger Reihenfolge; Additumangebot: A, Chin., R

Internatsplätze:
240

Klassenstärke:
max. 24

Externe Schüler:
ca. 4 pro Kl.

Kosten/Monat:
€ 530,– (in 11 Monatsraten; bei Vorliegen der Voraussetzungen können Zuschüsse nach den BAföG-Richtlinien gewährt werden)

Nebenkosten/Monat:
€ 20,–

Pädagogische Schwerpunkte/Besonderheiten: Campusschule; Aufnahme nach Intelligenzdiagnostik und Auswahlverfahren (80 % der Plätze für Schülerinnen und Schüler aus Baden-Württemberg); Potentialgruppierung, Akzeleration, Enrichment und Mentoring als Grundprinzipien aller unterrichtlichen und außerunterrichtlichen Förderangebote; Strukturierung des Schulalltags in Fundamentum und Additum, ganzheitliche Bildungsangebote mit Möglichkeiten zur Spitzenförderung; Kooperation mit Universitäten und Hochschulen, MINT-EC-Schule, Schüleraustauschprogramme.

Tag der offenen Tür: 15. Januar 2022

Ev. Seminar Blaubeuren

Evangelische Internate Deutschlands

Name und Anschrift:
Ev. Seminar Blaubeuren
Klosterhof 2, 89143 Blaubeuren
Tel. 0 73 44/96 26 10
Fax 0 73 44/96 26 96
www.seminar-blaubeuren.de
ephorat@seminar-blaubeuren.de
f seminarblaubeuren ▶ seminar-blaubeuren

Name des Trägers:
Evangelische Seminarstiftung Stuttgart

Internats- und Schulleitung:
Ephorus Dr. Henning Pleitner,
ephorat@seminar-blaubeuren.de

Schularten/Schulstatus:
Allgemeinbildendes Gymnasium der Klassen 9–12 mit von der Evangelischen Seminarstiftung Stuttgart getragenem Internat

Schulische Ausrichtung: Religion, Musik, alte Sprachen, Persönlichkeitsbildung

Konfession: evangelisch

Sprachenfolge:
E, L, Gr (F), (Hebr.)
E, F, Gr (L), (Hebr.)

Internatsplätze:
gesamt 100

Klassenstärke: max. 25

Externe Schüler: keine

Kosten/Monat:
€ 250,– Stipendiaten (Normalfall)
ansonsten einkommensabhängig

Nebenkosten/Monat:
Fahrgeld

Pädagogische Schwerpunkte/Besonderheiten:
Begabungsförderung, Musik (Chor, Orchester, Big Band), fachübergreifender Seminarkurs, Curriculum Persönlichkeitsentwicklung, Leben in historischer Umgebung, jährliche Studienreise, weit überdurchschnittliche Abiturergebnisse, gegründet 1556 zur Förderung begabter Jugendlicher.

Tag der offenen Tür:
Informationen auf der Homepage.
Schnuppertermine jederzeit auf telefonische Anfrage.

Ev. Seminar Maulbronn

Gymnasium mit Internat

Name und Anschrift:
Ev. Seminar Maulbronn
Klosterhof 16, 75433 Maulbronn
Tel. 0 70 43/9 55 09-0
Fax 0 70 43/9 55 09-15
www.seminar-maulbronn.de
info@seminar-maulbronn.de

Name des Trägers:
Evangelische Seminarstiftung

Internats- und Schulleitung:
Ephorus Gerhard Keitel, Kontaktaufnahme unter Tel. 0 70 43/9 55 09-0, info@seminar-maulbronn.de

Schulstatus:
Staatliches Gymnasium mit kirchlichem Internat

Schularten:
Staatliches Gymnasium für die Kl. 9–12

Evangelische Internate Deutschlands

Schulische Ausrichtung:
Gr ab Kl. 9, Musikförderung, Theologie und europäische Kulturtradition

Konfession: evangelisch

Sprachenfolge:
E-L oder E-F in beliebiger Folge

Internatsplätze: gesamt 100

Klassenstärke: max. 25

Externe Schüler: keine

Kosten/Monat: € 250,– für Stipendiaten (Normalfall) ansonsten einkommensabhängig

Nebenkosten/Monat: Fahrgeld, außerunterrichtliche Aktivitäten

Pädagogische Schwerpunkte/Besonderheiten: Das Seminar Maulbronn ermöglicht talentierten Jugendlichen aufgrund des einzigartig pädagogischen Konzepts, der Schwerpunktfächer (Musik, Theologie, Griechisch) und des Zusammenlebens in einer christlich geprägten Gemeinschaft eine exzellente Schulausbildung und Teamfähigkeit sowie einen selbstbewussten Start in das Leben: überdurchschnittlich gute Abiturschnitte, Sportaktivitäten und ein umfangreiches Exkursionsangebot, Chor, Orchester und Instrumentalunterricht, Förderangebote – auch für leistungsstarke Schüler – und kleine Klassen- und Kursgrößen.

Tag der offenen Tür: Samstag, 26. März 2022 von 13–17 Uhr mit anschließendem Konzert des Seminarchores. Schnuppertage sind jederzeit nach Absprache möglich.

Musisches Internat Martinihaus

Name und Anschrift:
Musisches Internat Martinihaus
Sprollstr. 27, 72108 Rottenburg
Tel. 0 74 72/98 41-0
Fax 0 74 72/98 41-11
www.martinihaus.de
info@martinihaus.de

Name des Trägers:
Stiftung St. Martinus/Diözese Rottenburg-Stuttgart

Schularten:

Städt. Trägerschaft = Hohenbergschule: Hauptschule und Werkrealschule, Kreuzerfeld-Realschule, Eugen-Bolz-Gymnasium, Paul-Klee-Gymnasium, Berufliche Schulen, Weggentalschule (Förderschule)

Kirchl. Trägerschaft = St. Meinrad: Gymnasium, Carl-Joseph-Leiprecht-Schule: Haupt- und Gemeinschaftsschule, St. Klara: Mädchenrealschule, Mädchenprogymnasium, Berufliches Gymnasium

VKIT Verband Katholischer Internate und Tagesinternate

Schulische Ausrichtung:
Entsprechend der Profilierung unserer Partnerschulen (siehe Schularten). Insgesamt sehr vielseitige Profilierung aller Schularten (Sprachenfolge, Kunst, Sport, Musik, Naturwissenschaft/Technik und Wirtschaft)

Konfession:
nicht gebunden

Sprachenfolge:
sehr vielfältiges und differenziertes Angebot

Internatsplätze:
Für 50 Jungen und Mädchen

Externe Schüler:
Nachmittagsbetreuung (Hort) Kl. 1-13

Kosten/Monat:
Einkommensabhängig, nach Vereinbarung

Pädagogische Schwerpunkte/Besonderheiten:

Unser Internat liegt mitten in der schönen Dom- und Schulstadt Rottenburg am Neckar und kann auf eine über 150 Jahre lange Tradition zurückblicken. Das Musische Internat Martinihaus ist familiär und herzlich – hier kennt jeder jeden.

Auf eine überschaubare Schülerzahl legen wir bewusst großen Wert. So können wir auf jede Schülerin und jeden Schüler gezielt bei schulischen und persönlichen Problemen eingehen und die individuelle Persönlichkeit fördern. Eine familiäre Atmosphäre im Internat bildet die wichtige Grundlage für gegenseitiges Vertrauen, ein harmonisches Miteinander und rücksichtsvollen Umgang, wie Toleranz und Respekt. Natürlich kann ein Internat keine Familie ersetzen, aber es bietet andere Chancen und Möglichkeiten.

Als musisches Internat legen wir neben den künstlerisch-kreativen sowie sportlichen Angeboten den Schwerpunkt auf die Musik. Wie eine Schülerin sagt: „Musik gibt mir neuen Mut, neue Hoffnung und Kraft. Die Musik ist wie ein Ort der Schwerelosigkeit und Zuversicht. Sie ist wie ein Anker im Meer, das dem Schiff einen Halt gibt." (A.W.)

Grundlage unserer pädagogischen Arbeit ist der Marchtaler Internatsplan, eine ganzheitliche pädagogische Erziehung mit „Kopf, Herz und Hand". Wir Pädagogen verstehen uns als Anwalt unserer Schülerinnen und Schüler und als Partner der Eltern.
Außerhalb der Ferienzeiten bieten wir durchgängig eine verlässliche Wochenendbetreuung an.

Interessiert? – Dann freuen wir uns auf Eure Anfrage und laden Euch gerne zu einem persönlichen Kennenlernen bei uns ein. Ihr seid jederzeit herzlich willkommen!

Urspringschule

Name und Anschrift:
Urspringschule
Urspring 1, 89601 Schelklingen
Tel. 0 73 94/2 46-11, Fax 0 73 94/2 46-60
www.urspringschule.de
info@urspringschule.de
f Urspringschule

Name des Trägers: Stiftung Urspringschule

Internatsleitung:
Dipl.-Soz. Päd. (FH) Daniel Leichtner

Vorstand und Leiter:
PD Dr. Rainer Wetzler

Schulstatus: staatl. anerkannte Schule in freier Trägerschaft

Schularten:
Grundschule nach Montessori (Kl. 3 – 4)
Gymnasium (G8) mit Aufbaugymnasium (G9)

Urspring
Macht Schule. Und mehr.

Schulische Ausrichtung:
math.-naturwissenschaftlich

Konfession: ohne Konfessionseinschränkung

Sprachenfolge:
E (ab Kl. 5), F oder L (ab Kl. 6)

Internatsplätze: ca. 120

Klassenstärke: Ø 16 Schüler/-innen

Externe Schüler: ca. 120

Kosten/Monat: € 2.950,–

Nebenkosten/Monat: variabel

Pädagogische Schwerpunkte/Besonderheiten: Die ehemalige Klosteranlage Urspring ist ein Ort gemeinsamen Lebens und Lernens für ca. 240 Schüler/-innen aus aller Welt. Lernen fürs Leben in einem familiären Umfeld mit sehr hoher Betreuungsqualität und individueller Förderung: allgemeinbildendes Gymnasium und Aufbaugymnasium • Doppelqualifikation „Abitur und Gesellenbrief" (3 Berufe: Schreiner, Maßschneider, Feinwerkmechaniker) • Quereinstieg aus anderen Schulformen möglich • Abiturvorbereitungskurse • Kurzzeitangebot „Bed & School" • Mittagsprogramm, Werkstattunterricht und Arbeitsstunden • Internationale Ausrichtung
Urspring macht Schule. Und Mehr: Basketballleistungszentrum • musisch-ästhetische Förderung • erlebnisreiche Freizeitgestaltung (Reiten, Feuerwehr etc.) • Sozialprojekte und non-formale Bildungsangebote • ggf. unterstützende therapeutische Angebote • Förderung bei LRS, Legasthenie und Dyskalkulie

Tag der offenen Tür:
Vereinbaren Sie Ihren individuellen Beratungstermin. Gerne auch mit Probeaufenthalt.

Kolleg St. Blasien

Internationales Jesuitengymnasium mit Internat für Jungen und Mädchen

Name und Anschrift:
Kolleg St. Blasien e. V.
Fürstabt-Gerbert-Str. 14, 79837 St. Blasien
Tel. 0 76 72/2 70, Fax 0 76 72/2 72 71
www.kolleg-st-blasien.de
info@kolleg-st-blasien.de
f kolleg.st.blasien kollegstblasien

Name des Trägers:
Kolleg St. Blasien e.V.

Kollegsdirektor:
P. Hans-Martin Rieder SJ

Internatsleitung:
Pater Marco Hubrig SJ

Schulleitung:
OStD Michael Becker

Schulstatus: staatlich anerkannt

Schularten:
Internationale Jesuitenschule,
Gymnasium mit Aufbaugymnasium

Kolleg St. Blasien

Verband Katholischer Internate und Tagesinternate

Schulische Ausrichtung: Jesuitenschule mit alt-/neusprachlichem und naturwissenschaftlichem Profil, internationale Euroklasse mit DaF

Konfession: kath./ev.

Sprachenfolge: Ab Kl. 5: E und F oder L; Ab Kl. 8: Sp oder Chin. oder Gr oder NWT

Internatsplätze: 260

Klassenstärke: ca. 25

Externe Schüler: 600

Kosten/Monat: € 2.260,–; ab Einstieg in KS 10 € 2.460,– Stipendien möglich

Nebenkosten/Monat:
Taschengeld nach Altersstufe

Pädagogische Schwerpunkte/Besonderheiten:
Erziehung auf der Grundlage des christlichen Menschenbildes und der Tradition des Jesuitenordens: Sorge um den Einzelnen, Stärkung der Fähigkeit zur kritischen Reflexion, Auseinandersetzung mit Gott und Welt. Betreute Hausaufgabenzeiten, Sozialcurriculum, Sozialpraktikum, vielseitiges Freizeitangebot, sonntäglicher Gottesdienst, Besinnungstage. Kollegsbibliothek mit großem Lesesaal, eigener Sportverein, Musikhaus, Atelier, English Debating, Kollegsfernsehen. Eigenes Zentrum für individuelle Begabungsförderung mit Angeboten für Schüler mit Sonderbegabungen und Unterstützungsprogrammen.

Salem

Name und Anschrift:
Schule Schloss Salem
Schlossbezirk 1, 88682 Salem
Tel. 0 75 53/919 352
www.schule-schloss-salem.de
aufnahme@schule-schloss-salem.de
internatsalem, schule_schloss_salem
SchuleSchlossSalem

Name des Trägers:
Schule Schloss Salem gGmbH

Schulleitung: Bernd J. Westermeyer

Schulstatus: staatlich anerkanntes Internatsgymnasium in freier Trägerschaft

Schularten: Gymnasium (Abitur oder IB), außerdem gymnasialer Aufbauzweig10*Plus*

Schulische Ausrichtung: neusprachlich, math.-naturwissenschaftlich, musisch

Konfession: evangelischer und katholischer Religionsunterricht sowie Ethik

Sprachenfolge:
Kl. 5: E; Kl. 6: L oder F;
Kl. 8: Sp/F/L oder
Naturwissenschaften & Technik (NWT)

Internatsplätze: max. 600

Klassenstärke: zwischen 10 und 20

Kosten/Jahr: Ø € 43.500,–

Nebenkosten/Monat: variabel

Pädagogische Schwerpunkte/Besonderheiten: Das Internatsgymnasium Schule Schloss Salem am Bodensee versteht sich seit nunmehr 100 Jahren als eine Polis, in der Internat und Schule den bereichernden, wertebewussten und anspruchsvollen Rahmen für die umfassende Persönlichkeitsentwicklung jedes einzelnen Kindes bilden. Neben einem soliden schulischen Fundament, das zum deutschen Abitur oder über rein englischsprachige Klassen zum International Baccalaureate Diploma führt, erwächst das besondere Verantwortungsbewusstsein der Schülerschaft aus der gemeinsam zu organisierenden multinationalen Internatsgemeinschaft sowie aus verpflichtenden Einsatzdiensten (Sanitätsdienst, THW, Nautik, Feuerwehr) und sozialen Diensten in Altersheimen, Förderschulen etc. Gefördert werden ferner handwerkliche, musische und sportliche Begabungen, und rund 20% aller Schülerinnen und Schüler sind Leistungsstipendiaten. 3 altersgemäße Summer Schools erlauben einen Einblick ins Internatsleben.

Tag der offenen Tür: 17. April 2021
Besuche vor Ort sind situationsabhängig möglich, Anmeldung unter 0 75 53/919 352
Summer Schools: 24. Juli - 8. August 2021

Unsere Ziele

In Salem bilden Internat und Schule eine Einheit – und damit den bereichernden, wertebewussten und anspruchsvollen Rahmen für die umfassende Persönlichkeitsentwicklung jeder einzelnen Schülerin und jedes einzelnen Schülers.
Unser ganzheitlich geprägtes Bildungs- und Erziehungskonzept zielt auf die kognitive und intellektuelle Entwicklung unserer Schülerinnen und Schüler, ohne soziale, musisch-kreative und sportliche Lern- und Erfahrungsfelder geringer zu gewichten. Salemer Schülerinnen und Schüler übernehmen Verantwortung ...

- zunächst für sich selbst, für die engagierte Entwicklung ihrer eigenen Kenntnisse, Fähigkeiten und Begabungen;
- sodann für die Belange der Internatsgemeinschaft, die ihren Alltag prägt;
- darüber hinaus für aktuelle Herausforderungen, die sich in Politik, Gesellschaft, Wirtschaft, Umwelt und Kultur aus weltbürgerlicher Perspektive stellen.

Unser Profil

- Staatlich anerkanntes Internatsgymnasium für die Jahrgangsstufen 5 bis 12
- Abschlüsse: Abitur oder International Baccalaureate Diploma (IB)
- Max. 600 Internatsplätze
- Schülerinnen und Schüler aus über 40 Nationen
- Mehr als 20 Prozent der Schülerschaft erhalten ein Stipendium, das sich am Einkommen und den Vermögensverhältnissen der Eltern orientiert
- Die Jahrgangsstufen 5 bis 10 finden sich am Gründungsstandort Schloss Salem; die internatliche Unterbringung erfolgt in Doppeljahrgängen (5 & 6; 7 & 8; 9 & 10); Integrierte Sprachschule für Schüler der Jahrgangsstufen 5 und 6 mit geringen Deutschkenntnissen; ab Jahrgangsstufe 8 Anwahl rein englischsprachiger Klassen zur Vorbereitung auf das IB möglich (Unterrichtsinhalte gemäß regulärem Unterrichtscurriculum des Landes BW)
- Die Jahrgangsstufen 11 und 12 (Salem International College) finden sich auf Schloss Spetzgart und auf dem Campus Härlen bei Überlingen und schließen mit dem Abitur oder IB ab (Entscheidung nach der Jahrgangsstufe 10). Möglich ist für neue Schülerinnen und Schüler mit Mittlerer Reife auch der Eintritt in den gymnasialen Aufbauzweig, der über drei Jahre zum Abitur führt
- Sprachliches, naturwissenschaftliches oder musisches Profil ab Jahrgangsstufe 8
- Intensive Studien- und Berufswahlvorbereitung ab Jahrgangsstufe 9
- Hausaufgabenbetreuung, individuelle Förderung
- Pädagogen-Schüler-Verhältnis 1:6; Klassengröße: 10 bis 20;
- Größe der Internatsgruppen: 12 bis 18. Größe Wohngruppen Oberstufe: 15 bis 24
- Ausgeprägte "Schüler-mit-Verantwortung" in Schule und Internat
- Zahlreiche soziale Dienste; breites Sportprogramm; 22 Lehrer für Instrumentalunterricht; 11 handwerklich-kreative Innungen; breites Outdoor-Programm; mehr als 50 Partnerschulen weltweit mit entsprechenden Austauschmöglichkeiten
- Eigener Bodenseehafen mit Segelbooten und Seekajaks; eigenes Hallenbad
- Gründungsmitglied von Round Square, einem Verbund aus annähernd 200 Schulen aller Kontinente, die sich an der Pädagogik Kurt Hahns orientieren
- Mitglied in der G30-Vereinigung exzellenter internationaler Modellschulen
- Salem Kolleg: Orientierungsjahr zur Studium- und Berufswahl nach dem Schulabschluss möglich (www.salemkolleg.de)

Die Aufnahme von Schülerinnen und Schülern

An der Schule Schloss Salem werden Kinder und Jugendliche aufgenommen, die erwarten lassen, dass sie sich den akademischen und den besonderen internatlichen Anforderungen Salems engagiert stellen. In Salem sind nicht nur schulische, sondern auch wichtige außerunterrichtliche Veranstaltungen wie Dienste, Innungen oder auch zusätzlicher Sport verpflichtend. Außerdem wird erwartet, dass die Schülerinnen und Schüler innerhalb der Internatsgemeinschaft Aufgaben und damit soziale Verantwortung übernehmen. Für eine erfolgreiche Bewerbung im Hinblick auf den gymnasialen Abiturzweig wird die sichere Beherrschung der deutschen Sprache in Wort und Schrift vorausgesetzt. Im Hinblick auf die internationalen Klassen sowie das International Baccalaureate Programme wird die Beherrschung der englischen Sprache in Wort und Schrift erwartet. Der Eintritt kann in die Jahrgänge 5 bis 11 erfolgen, ein Eintritt in die Jahrgangsstufe 12 ist nur ausnahmsweise möglich. Eine Aufnahme während des laufenden Schuljahres ist in begründeten Fällen möglich. Für jede Jahrgangsstufe gelten spezifische Aufnahmebedingungen. Weiterführende Informationen finden sie auf unserer Website: www.schule-schloss-salem.de. Gerne beraten Sie die Mitarbeiterinnen der Schüleraufnahme auch persönlich 0 75 53/919 352 oder aufnahme@schule-schloss-salem.de.

Merz Internat (VDP-Europaschule)

Name und Anschrift:
Merz Internat
Albrecht-Leo-Merz-Weg 2, 70184 Stuttgart
Tel. 07 11/2 10 34-0
www.merz-internat.de, info@merz-schule.de

Name des Trägers:
Merz Internat gemeinnützige GmbH

Schul- und Internatsleitung:
OStD Konstantin Merz, Dr. Frederik Merz

Schulstatus: staatlich anerkannt

Schularten: Krippe, Kindergarten, Grundschule, Hort, Gymnasium, Internat ab Kl. 5

Schulische Ausrichtung: Math.-naturw., NS II, NWT 1-Zug, MINT-freundliche Schule, Ganztagesschulzug in der Orientierungsstufe (Kl. 4–6), Eliteschule des Sports

Konfession: nicht gebunden

Sprachenfolge: E-L, E-F, E-NWT 1
3. Fremdsprache: Sp, I, F, NWT

Klassenstärke: ca. 25

Externe Schüler: ca. 470

Kosten/Monat: € 1.920 ,–
ab Kl. 10: € 2.067,– (inklusive Schulbesuch, Unterkunft und Verpflegung)

Pädagogische Schwerpunkte/Besonderheiten: Internationale Belegung, intensive Hausaufgabenbetreuung, individuelle Stunden- und Förderpläne für Spitzen- und Leistungssportler (ggf. mit Beteiligung von Vereinen und Verbänden), schulbegleitende Sprachprogramme für ausländische Schüler (anerkanntes Sprachsiegel) und vertrauensvolle Kooperation mit den Ausländerbehörden, Unterricht in Rezitation und Rhetorik, Legasthenieförderung. Wochenendheimfahrt möglich, familiäre Betreuung, gemeinsame Freizeit- und Kulturaktivitäten: Skiausfahrten, Debattierclub, Streitschlichter, Musischer Nachmittag mit ca. 30 Neigungsgruppen, 6 Handwerkstätten, VDP-Europaschule, ausgezeichnet mit dem ASU-Umweltsonderpreis und als MINT-freundliche Schule. Die Merz Schule ist von der französischen Botschaft zur DELF-Prüfungsschule zertifiziert und vom Ministerium für Kultus, Jugend und Sport Baden-Württemberg als Mitglied im Verbund „Eliteschule der Sports" und Partner des Olympiastützpunktes Stuttgart anerkannt. Abiturprüfung in Hockey und Tennis möglich. Die Merz Schule ist Mitglied bei der „Mars Society Deutschland e.V."

Kloster Wald
– Gymnasium und Internat für Mädchen

Name und Anschrift:
Internat Kloster Wald
Von-Weckenstein-Str. 2, 88639 Wald
Tel. 0 75 78/18 80, Fax 0 75 78/18 82 11
www.heimschule-kloster-wald.de
info@heimschule-kloster-wald.de

Name des Trägers:
Schulstiftung der Erzdiözese Freiburg

Internatsleitung: Rita Schmid

Schulleitung: OStD Hartwig Hils

Schulstatus: staatlich anerkannt

Schularten: 4. Kl. Grundschule, 5.–12. Kl. Gymnasium (G8)

Schulische Ausrichtung:
sprachliches und naturwissenschaftliches Profil

Konfession: kath., ev., (konf. ungebunden)

für Mädchen! Kloster Wald Gymnasium – Internat Lehrwerkstätten

VKIT Verband Katholischer Internate und Tagesinternate

Sprachenfolge: G8: E in Kl. 5, F in Kl. 6, L oder NWT in Kl. 8; G8 Biberacher Modell: L + E in Kl. 5, F oder NWT in Kl. 8

Internatsplätze: w.: 120

Klassenstärke: ca. 25

Externe Schüler: 450, Hort mit 65 Plätzen

Kosten/Monat: Internatsbeitrag:
Kl. 4–10: € 1.117,–, Kl. 11 + 12: € 1.208,–
Schulgeld: € 50,–, Werkstattbeitrag (fakultativ ab Kl. 9): € 120,-, Ganztagesbetreuung (für externe Schülerinnen): gestaffelt nach Inanspruchnahme

Nebenkosten/Monat:
je nach Klassenstufe unterschiedlich für Taschengeld, Schul- und Freizeitbedarf

Besonderheiten: Umfassende Bildung von Kopf, Herz und Hand: Abitur und wahlweise Gesellenbrief (Werkstattausbildung ab 9. Klasse schulbegleitend) für Damenschneiderin, Holzbildhauerin, Schreinerin. Individuelle Förderung, Förderunterricht in Fremdsprachen für Quereinsteiger; breites musisches, theaterpädagogisches und sportliches Angebot; Religionsunterricht und Gottesdienstbesuch obligatorisch, soziale Dienste, Besinnungstage. Betreuung in kleinen Internatsgruppen, christliches Erziehungskonzept, betreute Studienzeit, Mentorinnenkonzept, umfassende Freizeit- und Wochenendgestaltung. Das Internat ist Mitglied im Verband Katholischer Internate und Tagesinternate (VKIT) e.V.

Tag der offenen Tür: Infotag jährlich am 3. Samstag im Januar; eine individuelle Terminvereinbarung ist jederzeit möglich.

Internate in Bayern

94330 Aiterhofen
Angela-Frauendorfer-Internat
Schulgasse 9
Tel. 0 94 21/55 17 48

Realschule
(Mitglied im VKIT)

92224 Amberg
Internat des Max-Reger-Gymnasiums
Das Musische Internat
Kaiser-Wilhelm-Ring 7
Tel. 0 96 21/47 18 50

Gymnasium,
Kooperation: Realschule,
Wirtschaftsschule

■ **ausführliche Angaben:
Seite 30 und Seite 119**

86152 Augsburg
Annakolleg
Internat und Hort
für Mädchen und Jungen
Lange Gasse 11
Tel. 08 21/4 50 34 00

Haupt- und Realschule, Gymnasium

96047 Bamberg
Don Bosco Jugendwerk
Hornthalstr. 35
Tel. 09 51/9 65 70-0

Schülerheim

96049 Bamberg
Studienseminar AUFSEESIANUM
Aufseßstr. 2
Tel. 09 51/5 19 26-0

Hauptschule, Mittelschule,
Wirtschaftsschule, Realschule,
FOS, BOS, Gymnasium,
Berufsfachschule
(Mitglied im VKIT)

95448 Bayreuth
Markgräfin-Wilhelmine-Gymnasium
Königsallee 17
Tel. 09 21/7 99 91-0

Gymnasium

83471 Berchtesgaden
CJD Berchtesgaden
Gesundheit · Bildung · Beruf
Asthmazentrum und
Diabeteszentrum
Buchenhöhe 46
Tel. 0 86 52/60 00-0

Grundschule,
Mittelschule,
Realschule,
Fachoberschule,
Gymnasium,
Berufsfachschule
für Kinderpflege
und Internat

**83471 Berchtesgaden/
Schönau am Königsee**
CJD Christophorusschulen
Berchtesgaden
Am Dürreck 4
Tel. 0 86 52/60 40

Gymnasium,
Internat,
Fachoberschule

82335 Berg
Landschulheim
Kempfenhausen
Münchner Straße 49–63
Tel. 0 81 51/3 62 60

Gymnasium,
gebundene Ganztagsschule,
offene Ganztagsschule/
Tagesheim,

■ **ausführliche Angaben:
Seite 120**

83098 Brannenburg
Institut Schloss Brannenburg
Tel. 0 80 34/9 06 30

Realschule, Fachoberschule

ausführliche Angaben: Seite 124

83339 Chieming
Landschulheim Schloss Ising
Schlossstr. 3
Tel. 0 86 67/8 88 40

Gymnasium, offene Ganztagsschule, Tagesheim, Volksschülergruppe

ausführliche Angaben: Seite 121

94469 Deggendorf
Comenius-Gymnasium
Jahnstraße 8–10
Tel. 09 91/36 30-0

Gymnasium

ausführliche Angaben: Seite 125

85072 Eichstätt
Gabrieli-Gymnasium
Luitpoldstr. 40
Tel. 0 84 21/97 35-0

Musisches Gymnasium

ausführliche Angaben: Seite 126

82488 Ettal
Campus Ettal – Gymnasium und Internat der Benediktiner
Kaiser-Ludwig-Platz 1
Tel. 0 88 22/74 66 10

Gymnasium
(Mitglied im VKIT)

ausführliche Angaben: Seite 118 und Seite 127

94081 Fürstenzell
Heimvolksschule St. Maria
Passauer Str. 21
Tel. 0 85 02/80 60

Grundschule
Mittelschule

97737 Gemünden
Theodosius-Florentini-Schule der Kreuzschwestern Gemünden
Kreuzstraße 3
Tel. 0 93 51/8 05-210

Gymnasium,
Realschule
(Mitglied im VKIT)

85567 Grafing
Landschulheim Elkofen im Collegium Augustinum
Leitenstr. 2
Tel. 0 80 92/2 32 12-0

Für Kinder
mit ADS, ADHS,
Teilleistungsstörungen

87600 Kaufbeuren
Internat St. Maria Kaufbeuren
Kemnater Straße 23
Tel. 0 83 41/90 75 12

Realschule,
Gymnasium
(Mitglied im VKIT)

88161 Lindenberg im Allgäu
Humboldt-Institut Lindenberg
Ellgasserstr. 42
Tel. 0 75 22/9 88-0

Institut für Deutsch
als Fremdsprache

ausführliche Angaben: Seite 24–25 und Seite 128

88161 Lindenberg im Allgäu
Gymnasium Lindenberg mit Humboldt-Internat
Blumenstr. 12
Tel. 0 75 22/9 88-0

Gymnasium

■ ausführliche Angaben: Seite 27 und Seite 129

87616 Marktoberdorf/Allgäu
Internat Marktoberdorf
Peter-Dörfler-Str. 10
Tel. 0 83 42/96 64-38 80

Gymnasium,
Realschule,
Hauptschule

■ ausführliche Angaben: Seite 130

83250 Marquartstein
Pädagogisches Zentrum Schloss Niedernfels
Schlossstr. 39
Tel. 0 86 41/97 40-22

Grund- und Hauptschule
(Mitglied im VKIT)

83250 Marquartstein
Staatliches Landschulheim Marquartstein
Neues Schloss 1
Tel. 0 86 41/62 40

Gymnasium

82272 Moorenweis
Kath. Landschulheim Schloss Grunertshofen
V.-Pfetten-Füll-Str. 1
Tel. 0 81 46/9 20 80

Grund- und Mittelschule

81377 München
Studienseminar Albertinum – Tagesinternat
Westendstr. 300
Tel. 0 89/7 10 46 13

Grundschule,
Realschule, Gymnasium
Tagesinternat – keine eigene Schule
(Mitglied im VKIT)

81679 München
Staatliches Mädchengymnasium Max-Josef-Stift mit Internat und Tagesheim
Röntgenstr. 18
Tel. 089 998435-0 oder -115

Gymnasium

■ ausführliche Angaben: Seite 131

83115 Neubeuern
Schloss Neubeuern Internatsschule für Mädchen und Jungen
Schlossstr. 20
Tel. 0 80 35/9 06 20

Gymnasium

■ ausführliche Angaben: Seite 20–21 und Seite 134

87561 Oberstdorf
Skiinternat Oberstdorf
Roßbichlstr. 6
Tel. 0 83 22/70 05 50

Sportinternat

94496 Ortenburg
Evangelische Realschule Ortenburg
Frauenfeld 5–7
Tel. 0 85 42/9 61 50

Realschule

91257 Pegnitz
Internat des Gymnasiums Pegnitz
Wilhelm-von-Humboldt-Str. 7
Tel. 0 92 41/4 83 33

Gymnasium

ausführliche Angaben: Seite 135

84341 Pfarrkirchen
Staatliches Schülerheim des
Gymnasiums Pfarrkirchen
Blumenhöhe 19, Tel. 0 85 61/9 71 02

Gymnasium

93055 Regensburg
Musikgymnasium der
Regensburger Domspatzen
Reichsstr. 22, Tel. 09 41/7 96 20

Gymnasium

93049 Regensburg
Privat Internat Pindl
Dechbettener Straße 13
Tel. 09 41/29 75 80

Gymnasium, Realschule, Wirtschaftsschule

83677 Reichersbeuern
Max-Rill-Gymnasium Schloss Reichersbeuern
Schlossweg 1–11, Tel. 0 80 41/78 71-0

Gymnasium

ausführliche Angaben: Seite 132–133

82401 Rottenbuch
Internat der Berufsfachschule für Kinderpflege
Klosterhof 7–9
Tel. 0 88 67/91 12-0

Berufsfachschule für Kinderpflege,
Fachakademie für Sozialpädagogik
(Mitglied im VKIT)

82067 Schäftlarn
Internat und Tagesheim der Abtei Schäftlarn
Kloster Schäftlarn
Tel. 0 81 78/79 20

Gymnasium
(Mitglied im VKIT)

ausführliche Angaben:
Seite 118 und Seite 140

91443 Scheinfeld
Internat Schloss Schwarzenberg
Schwarzenberg 14
Tel. 0 91 62/9 28 80

Realschule,
Fachoberschule

ausführliche Angaben: Seite 136–137

86938 Schondorf am Ammersee
Landheim Ammersee – Stiftung
Landheim Schondorf am Ammersee
Landheimstr. 1–14
Tel. 0 81 92/80 90

Gymnasialinternat und Grundschulinternat

ausführliche Angaben:
Seite 12–13 und Seite 138–139

87645 Schwangau
Gymnasium mit Internat Hohenschwangau
Colomanstr. 10
Tel. 0 83 62/93 00 50

Gymnasium

ausführliche Angaben: Seite 141

86941 St. Ottilien
Tagesheim der Erzabtei St. Ottilien
St. Ottilien 31
Tel. 0 81 93/71-560

Gymnasium (Mitglied im VKIT)

83371 Stein an der Traun
Schule Schloss Stein
Schlosshof 1
Tel. 0 86 21/80 01-1 14

Internatsgymnasium

ausführliche Angaben: Seite 144

94315 Straubing
Tagesheim der Ursulinen –
Offene Ganztagsschule
in der Form der Tagesbetreuung
Burggasse 40
Tel. 0 94 21/99 23-0

Realschule, Gymnasium, Fachakademie
(Mitglied im VKIT)

83278 Traunstein
Studienseminar St. Michael
Das Jungeninternat in Traunstein
Kardinal-Faulhaber-Str. 6
Tel. 08 61/1 66 82-0

Gymnasium, Realschule, Fach- und
Berufsoberschule, (Mitglied im VKIT)

ausführliche Angaben:
Seite 118 und Seite 142–143

97215 Uffenheim
Christian-von-Bomhard Internatsschule
Im Krämersgarten 9
Tel. 0 98 42/93 67-212

Gymnasium,
Realschule,
Fachoberschule

85716 Unterschleißheim
Edith-Stein-Schule
Raiffeisenstr. 25
Tel. 0 89/3 10 00 10

Grund- und Hauptschule,
Realschule für Sehbehinderte

97332 Volkach am Main
Franken-Landschulheim Schloss Gaibach
Schönbornstr. 2
Tel. 0 93 81/8 06 20

Gymnasium,
Realschule,
offene Ganztagsschule/Tagesheim,
Volksschülergruppe

ausführliche Angaben: Seite 122

97353 Wiesentheid
Steigerwald-Landschulheim Wiesentheid
Hans-Zander-Platz 1
Tel. 0 93 83/9 72 10

Gymnasium,
offene Ganztagsschule/Tagesheim

ausführliche Angaben: Seite 123

91575 Windsbach
Windsbacher Knabenchor
Evang.-Luth. Studienheim
Heinrich-Brandt-Str. 18
Tel. 0 98 71/7 08-0

Internat

82515 Wolfratshausen
Erzbischöfliche Stiftung St. Matthias
Wolfratshausen-Waldram mit
Gymnasium, Kolleg und Fachoberschule
Seminarplatz 3
Tel. 0 81 71/9 98-0

Abitur über 2. Bildungsweg
(Mitglied im VKIT)

97074 Würzburg
Matthias-Grünewald-
Gymnasium/Internat
Zwerchgraben 1
Tel. 09 31/79 75 30

Gymnasium

97080 Würzburg
Haus St. Lioba
Berliner Platz 4
Tel. 09 31/38 66 68 00

Internat,
Jugendwohnheim

97070 Würzburg
Studienseminar Julianum
Kapuzinerstr. 6
Tel. 09 31/1 30 75

Internat

94227 Zwiesel
Priv. Berufsschule für Kinderpflege
des Mädchenwerks Zwiesel e.V.
Theresienthaler Str. 1
Tel. 0 99 22/8 46 40

Berufsfachschule mit Internat

Die bayerischen, katholischen Internate, Tagesbetreuungen und Seminare BayKITS

ausführliche Angaben: Seite 118

DIE BAYERISCHEN, KATHOLISCHEN INTERNATE, TAGESBETREUUNGEN UND SEMINARE

Wir sind da ...

... für den Menschen
... für die Bildung
... für die Frage nach Gott

Mensch – Bildung – Glaube – Zukunft

Katholische Internate, Tagesbetreuungen und Seminare motivieren und fördern Kinder, Jugendliche und junge Erwachsene, ihre eigene Zukunft zu gestalten und in Gesellschaft und Kirche Verantwortung zu übernehmen. In enger Kooperation mit dem bundesweit aktivem Internateverband VKIT vertritt BayKITS die Interessen Katholischer Einrichtungen in Bayern.

UNSERE EINRICHTUNGEN

- Studienseminar Aufseesianum, Bamberg
- Gymnasium und Internat der Benediktiner, Ettal (siehe Seite 127)
- Heimvolksschule St. Maria, Fürstenzell
- Theodosius-Florentini-Schule der Kreuzschwestern, Gemünden
- Internat St. Maria, Kaufbeuren
- Studienseminar Albertinum, München
- Internat der beruflichen Schulen Haus St. Marien, Neumarkt
- Internat der Regensburger Domspatzen, Regensburg
- Internat der Berufsfachschule für Kinderpflege, Rottenbuch
- Internat und Tagesheim der Abtei Schäftlarn, Schäftlarn (siehe Seite 140)
- Tagesinternat der Erzabtei St. Ottilien, St. Ottilien
- Studienseminar St. Michael, Traunstein (siehe Seite 142–143)
- Studienseminar Julianum, Würzburg
- Private Berufsschule für Kinderpflege des Mädchenwerks Zwiesel e.V., Zwiesel

DAS IST FÜR UNS SPEZIFISCH:

- Wir führen eine erfolgreiche und sehr lange Tradition in der Ganztagesbetreuung von Kindern und Jugendliche fort
- Wir schauen auf den ganzen Menschen und erziehen ganzheitlich: Mensch – Bildung – Glaube gehören zusammen
- Dabei setzen wir auf gegenseitiges Vertrauen
- Wir fördern und fordern die Talente der uns anvertrauten Jugendlichen
- Wir leben Solidarität und Gemeinschaft
- Wir sind Heimat: Beaufsichtigung ist uns zu wenig
- Wir arbeiten eng mit den Eltern zusammen
- Wir zeigen Grenzen auf und öffnen Welten
- Wir bieten ein breites Angebot an Schultypen und unterschiedlichen pädagogischen Ausrichtungen
- Wir fördern eigenverantwortliches Handeln

Internat des Max-Reger-Gymnasiums

Das Musische Internat Siehe auch Seite 30

Name und Anschrift:
Staatl. Internat des Max-Reger-Gymnasiums
Kaiser-Wilhelm-Ring 7, 92224 Amberg/Opf.
Tel. 0 96 21/47 18 51
www.internat-amberg.de
info@internat-amberg.de
f internat.bayern

Name des Trägers:
Freistaat Bayern

Internatsleitung:
StD Michael Meier

Schulleitung:
StD Georg Meyer

Schulstatus: öffentlich; Möglichkeit des Erwerbs der Allg. Hochschulreife auch für Realschulabsolventen

Schularten: Gymnasium,
Kooperation: Realschule, Wirtschaftsschule

Internat Max Reger

Schulische Ausrichtung:
Musisches Gymnasium (MuG)
Profilfächer: Deutsch, Musik und Kunst
kostenloser Instrumental-/Gesangsunterricht
(weitere Möglichkeiten: SG, HG, NTG, WSG)

Konfession: nicht gebunden

Sprachenfolge: E-L, spätbeginnende Fremdsprache ab der 10. Kl.: F

Internatsplätze: w: 30, m: 30

Klassenstärke: ca. 20

Externe Schüler: 430

Kosten/Monat: € 395,–

Nebenkosten/Monat: Taschengeld

Pädagogische Schwerpunkte/Besonderheiten: Individuelle Betreuung in einem familiär gestalteten Lern- und Lebensraum; strukturierter Tagesablauf mit qualifiziert betreuten Studier- und Instrumentalübungszeiten. Methoden- und Lerntraining; gezielte Vorbereitung auf die allgemeine Hochschulreife; kleine Gruppen mit gleichbleibenden Erziehern, Fachlehrkräften und Assistenten; innovative Lernbegleitung. Internationale Austauschprogramme (USA, England, Frankreich, Tschechien). Vielfältige Angebote zur sinnvollen Freizeitgestaltung (Musik, Kunst, Theater, Film, Sport, Handwerk etc.); erlebnispädagogische Ausrichtung (Kanusport, Wasserski, Ski alpin, Großgelände etc.). Auch am Wochenende geöffnet.

Tag der offenen Tür:
individuelle Beratungs- und Besichtigungstermine jederzeit nach Vereinbarung.

Landschulheim Kempfenhausen

Zweckverband Bayerische Landschulheime

Name und Anschrift:
Gymnasium Landschulheim Kempfenhausen am Starnberger See
Münchner Straße 49–63, 82335 Berg
Tel. 0 81 51/36 26-0
Fax 0 81 51/36 26-19
www.landschulheim-kempfenhausen.de
lsh@lshk.de

Name des Trägers: Zweckverband Bayerische Landschulheime, München

Internatsleitung: Kirsten-Katja Schorr

Schulleitung: OStD Elmar Beyersdörfer

Schulstatus:
öffentlich, Möglichkeit des Erwerbs der Allgemeinen Hochschulreife

Schule: Gymnasium, offene Ganztagsschule/Tagesheim, Unterbringung und Betreuung von Real- und Fachoberschülern internationale Ausrichtung

Schulische Ausrichtung:
NTG = Naturwissenschaftlich-technologisches GYM
WWG = Wirtschaftswissenschaftliches GYM
SWG = Sozialwissenschaftliches GYM

Konfession: nicht gebunden

Sprachenfolge: E-F, E-L

Internatsplätze: w.: 60, m.: 90

Klassenstärke: ca. 20–30

Externe Schüler: ca. 600; Schüler gesamt: ca. 700

Kosten/Monat:
€ 431,10 bis € 523,00

Nebenkosten/Monat: ca. € 70,–

Pädagogische Schwerpunkte/Besonderheiten:
Intensive Hausaufgabenbetreuung, individuelle fachliche Studierzeitbetreuung, Unterstützung und Förderung durch Lehrkräfte (Coaching), umfangreiches Wahlkursangebot mit Schwerpunkten im musischen Bereich, Chor, Streichorchester, Big Band, Segeln, Rudern, Kajak, Bläserklasse, Töpfern, Beachvolleyball, Theater- und Konzertbesuche, Film- und Videogruppe.

Tag der offenen Tür: für 5. Jgst. voraussichtlich Mitte Februar/ Anfang März s. Homepage

Landschulheim Schloss Ising
Zweckverband Bayerische Landschulheime

Name und Anschrift:
Gymnasium Landschulheim
Schloss Ising am Chiemsee
Schlossstraße 3, 83339 Chieming
Tel. 0 86 67/8 88 40
Fax 0 86 67/88 84 19
www.lshi.de, sekretariat@lshi.de

Name des Trägers: Zweckverband Bayerische Landschulheime, München

Internatsleitung:
Dipl.-Soz. Päd. Maria Lermer

Schulleitung: StD Catrin Brandl

Schulstatus: Öffentlich, Möglichkeit des Erwerbs der Allgemeinen Hochschulreife, auch für Absolventen des Mittleren Bildungsabschlusses (Profilklasse)

Schule: Gymnasium, offene Ganztagsschule/Tagesheim, internationale Ausrichtung

Schulische Ausrichtung:
NTG = Naturwissenschaftlich-technologisches GYM,

WWG = Wirtschaftswissenschaftliches GYM

SG = Sprachliches GYM

Konfession: nicht gebunden

Sprachenfolge:
E-F, E-L, E-L-F, I (spätbeginnend möglich)

Internatsplätze: w.: 80, m.: 80

Klassenstärke: 22–30

Externe Schüler: ca. 270
Schüler gesamt: ca. 410

Kosten/Monat: € 431,10 bis € 523,00

Nebenkosten/Monat: ca. € 70,–

Pädagogische Schwerpunkte Schule: Teilnahme an Wettbewerben, Forscher-, Techniker-, Robotik, Musik-Profil für 5./6. Jg. (freiwillig); bilinguale Module, DELF, vielfältiges Fahrtenprogramm, Praktikum, TuM-Clusterschule, Bibliothek; **Wahlfach Sport:** Golf, Segeln, Surfen, Rudern, Reiten, Akrobatik, Klettern, Ski-Alpin, Beach-Volleyball; **Musik:** Musical, Chor, Theater, Bigband, Orchester, Instrumentalunterricht; **Sozial-, Alltagskompetenz:** Kochclub, Tutoren, Sanitätsdienst, Umwelt-AG, Europa-Botschafter, aktive Mitgestaltung des Schullebens; **Internat/OGS:** ausgewogenes Konzept aus Freizeit und Studierzeit, qualifizierte Studierzeitbetreuung durch Erzieher und Lehrer, Förderung einer disziplinierten Lernhaltung.

Franken-Landschulheim Schloss Gaibach

Zweckverband Bayerische Landschulheime

Name und Anschrift:
Gymnasium und Realschule
Franken-Landschulheim Schloss Gaibach
Schönbornstr. 2, 97332 Volkach am Main
Tel. 0 93 81/80 62-0
Fax 0 93 81/80 62-216
www.flsh.de, internat@flsh.de

Name des Trägers: Zweckverband Bayerische Landschulheime, München

Internatsleitung: Ralf Behr, M.A.

Schulleitung: OStD Bernhard Seißinger

Schulstatus:
öffentlich, Möglichkeit des Erwerbs der Allgemeinen Hochschulreife auch für Realschulabsolventen (Profilklasse)

Schule: Gymnasium, Realschule, offene Ganztagsschule/ Tagesheim, Volksschülergruppe (auch M-Klassen) internationale Ausrichtung

Schulische Ausrichtung:
Gymnasium:
SG = Sprachliches GYM
WWG = Wirschaftswissenschaftliches GYM
Realschule: Zweig I (math.), II (wirtsch.), IIIa (Französisch), IIIb (Werken)

Konfession:
nicht gebunden

Sprachenfolge:
SG: E-L-F, L-E-F, WSG-W: E-F, E-L, Sp als spätbeginnende Fremdsprache möglich

Internatsplätze: w.: 75, m.: 95

Klassenstärke: ca. 20–30

Externe Schüler: ca. 620;
Schüler gesamt: ca. 750

Kosten/Monat: € 402,40 bis € 488,60

Nebenkosten/Monat: ca. € 70,–

Pädagogische Schwerpunkte/Besonderheiten: Hausaufgabenbetreuung in Kleingruppen mit fachlicher Unterstützung durch Lehrkräfte, modernes Leben im 400 Jahre alten Schloss, weitläufige Parkanlage auf historischem Grund; **Freizeitangebote:** musisch: Blasorchester, Band, Musiktheater, Chor; sportlich: Handball, Fußball, Tanz, Schneesport, Badminton, Beachvolleyball, Schach, Reiten, Schwimmen, Sportschützengruppe; Selbstverteidigung; kulturell: Theater- und Konzertfahrten, Theateraufführungen; Handwerkliches: Kochen, Modellbau, Töpfern, Holzwerkstatt; sozial: eigene Jugendfeuerwehr, Streitschlichter, Tutorendienst, Umwelt-AG.

Tag der offenen Tür: jederzeit nach Vereinbarung, für 5. Jgst. am 06.03.21 um 10 Uhr und beim Sommerfest am 24.07.21 ab 11 Uhr (sofern es das Infektionsgeschehen zulässt).

Steigerwald-Landschulheim Wiesentheid

Zweckverband Bayerische Landschulheime

Name und Anschrift:
Gymnasium
Steigerwald-Landschulheim Wiesentheid
Hans-Zander-Platz 1, 97353 Wiesentheid
Tel. 0 93 83/97 21-0
Fax 0 93 83/97 21-44
www.lsh-wiesentheid.de
sekretariat@lsh-wiesentheid.de

Name des Trägers: Zweckverband Bayerische Landschulheime, München

Internatsleitung: StD Elmar Halbritter

Schulleitung: OStD Achim Höfle

Schulstatus:
öffentlich, Möglichkeit des Erwerbs der Allgemeinen Hochschulreife auch für Realschulabsolventen (Profilklasse)

Schule: Gymnasium,
offene Ganztagsschule/Tagesheim, Grund- und Mittelschule ab Jgst. 4 (extern)
internationale Ausrichtung

Schulische Ausrichtung:
NTG = Naturwissenschaftlich-technologisches GYM,
SG = Sprachliches GYM
SWG = Sozialwissenschaftliches GYM

Konfession: nicht gebunden

Sprachenfolge:
NTG: E-L oder E-F,
SG: E-L-F, SWG: E-L oder E-F, Sp als spätbeginnende Fremdsprache möglich

Internatsplätze:
w.: 60, m.: 60

Klassenstärke:
ca. 20–30, einzelne auch kleiner

Externe Schüler: ca. 400;
Schüler gesamt: ca. 500

Kosten/Monat: € 402,40 bis € 488,60

Nebenkosten/Monat: ca. € 70,–

Pädagogische Schwerpunkte/Besonderheiten:
Intensive Hausaufgabenbetreuung, individuelle fachliche Studierzeitbetreuung, Unterstützung und Förderung durch Lehrkräfte (Coaching), Informatik, physikalisches Praktikum, biologisches Praktikum, Basketball-AG (Stützpunkt), ökologische Arbeitsgruppe, Astronomie, Chor, Orchester, Rockband, Tanzgruppe, Theater-AG (Mittelstufe und Oberstufe), Musiktheater, Instrumentalunterricht, Licht- und Tontechnik, Golf-AG, Video-AG.

Tag der offenen Tür:
jederzeit nach Vereinbarung, bitte informieren Sie sich auf der Schulhomepage

Institut Schloss Brannenburg

Name und Anschrift:
Institut Schloss Brannenburg,
Staatlich anerkannte Private Realschule und Fachoberschule mit Internat für Knaben und Mädchen
83098 Brannenburg
Tel. 0 80 34/9 06 30
Fax 0 80 34/79 96
www.institutschlossbrannenburg.de
direktorat@institutschlossbrannenburg.de

Name des Trägers:
Institut Schloss Brannenburg gemeinnützige Gesellschaft mit beschränkter Haftung

Internatsleitung:
Herr Dir. H. Zuber

Schulleitung/Ansprechpartner:
Herr Dir. H. Zuber

Schulstatus:
Realschule staatlich anerkannt
Fachoberschule staatlich anerkannt

Schularten: Realschule, Fachoberschule

Schulische Ausrichtung:
Wirtschaft
Kunst
Sozialwesen

Konfession:
nicht gebunden

Sprachenfolge:
E, F

Internatsplätze:
w.: 45, m.: 80

Klassenstärke:
15–20

Externe Schüler:
keine

Kosten/Monat:
Realschule: € 2.340,–
Fachoberschule: € 2.570,–

Nebenkosten/Monat:
ca. € 70,– bis € 110,–

Pädagogische Schwerpunkte/Besonderheiten:
Vielfältige Freizeitangebote, intensive Hausaufgabenkontrolle durch Lehrer und Erzieher, Nachführung bei schullaufbahnbedingten Lücken, Dyslexie-Therapie, gezielte Abschlussprüfungsvorbereitung.

Comenius-Gymnasium

Name und Anschrift:
Comenius-Gymnasium
Jahnstr. 8–10
94469 Deggendorf
Tel. 09 91/36 30-0
Fax 09 91/36 30-122
www.comenius-deg.de
info@comenius-deg.de

Name des Trägers:
Freistaat Bayern

Internatsleitung:
StD Peter Scharnagl

Schulleitung:
OStD Martin Huber

Schulstatus:
staatlich

Schularten:
Gymnasium

Schulische Ausrichtung:
Naturwissenschaftlich-Technologisches Gymnasium,
Sprachliches Gymnasium,
Förderklasse für Hochbegabte

Konfession:
nicht gebunden

Sprachenfolge:
E-F, E-L, E-L-F
spätbeginnende Fremdsprache: Sp

Internatsplätze:
w.: 31, m.: 44

Klassenstärke: Ø 21

Externe Schüler: ca. 580

Kosten/Monat: € 375,–

Nebenkosten/Monat: keine

Pädagogische Schwerpunkte/Besonderheiten:
Seminarschule, Förderklasse für Hochbegabte, Sportklasse, Streicherklasse, Stützpunktschule Leichtathletik und Triathlon; Schüleraustausch mit Frankreich, Großbritannien, China; Hausaufgabenbetreuung, Förderunterricht, vielfältige Freizeitaktivitäten, großes Sportangebot, breit gefächerte musikalische und künstlerische Möglichkeiten; Unterbringung in Ein-, Zwei- und Dreibettzimmern mit Dusche/WC; Bibliothek, Musikraum, Werk- und Experimentierraum, Bistro, Computerraum mit Internetanschluss, WLAN, attraktive Aufenthaltsräume.

Tag der offenen Tür: nur virtuell über die Homepage

Gabrieli-Gymnasium

Name und Anschrift:
Gabrieli-Gymnasium
Luitpoldstraße 40
85072 Eichstätt
Tel. 0 84 21/97 35-0
Fax 0 84 21/97 35-9190
www.gabrieli-internat.de
internat@gabrieli-gymnasium.de

Name des Trägers:
Freistaat Bayern

Internatsleitung:
StD Manfred Roppelt

Schulleitung:
OStD Adalhard Biederer

Schulstatus:
staatlich

Schularten:
Gymnasium

Schulische Ausrichtung: Musisches und Wirtschaftswissenschaftliches Gymnasium (weitere Möglichkeiten: siehe unten)

Konfession:
nicht gebunden

Sprachenfolge:
musisch: L-E, E-L; wirtschaftswissenschaftlich: E-F; F bzw. I (spätbeginnend ab der 10. bzw. 11. Kl.)

Internatsplätze:
w.: 30, m.: 32

Klassenstärke:
ca. 25

Externe Schüler: 650

Kosten/Monat: € 435,–

Nebenkosten/Monat: keine

Pädagogische Schwerpunkte/Besonderheiten:
Hausaufgabenbetreuung, musikalische Förderung im Pflichtinstrument, Nachhilfe, Lerntraining, Musik, Theater, Tanzen, Werken, Sport, Segelwochenende (davon abgesehen ist das Internat an den meisten Wochenenden geschlossen); Wirtschaftswissenschaftliche Ausbildungsrichtung im Aufbau (ab Schuljahr 2021/2022: 5. und 6. Jgst.); Kooperation mit dem Willibald-Gymnasium in Eichstätt (Sprachliches, Naturwissenschaftlich-technologisches und Sozialwissenschaftliches Gymnasium), der Maria-Ward-Realschule für Mädchen der Diözese Eichstätt und der Knabenrealschule Rebdorf der Diözese Eichstätt.

Campus Ettal – Gymnasium und Internat der Benediktiner

Siehe auch Seite 118

Bayern

Verband Katholischer Internate und Tagesinternate

Name und Anschrift:
Campus Ettal –
Gymnasium und Internat der Benediktiner
Kaiser-Ludwig-Platz 1, 82488 Ettal
Tel. 0 88 22/74 66 10
Fax 0 88 22/74 66 07
www.internat-ettal.de, www.ettal-campus.de
sekretariat@internat-ettal.de
f Internat.Ettal

Name des Trägers:
Benediktinerabtei Ettal

Internatsleitung:
Frater Gregor M. Beilhack OSB

Schulleitung:
StD i. K. Hubert Hering

Schulstatus:
staatlich anerkannte Privatschule

Schularten:
Humanistisches Gymnasium mit neusprachlichem Zweig

Schulische Ausrichtung:
humanistisch-neusprachlich

Konfession: kath., ev., orthodox

Sprachenfolge:
ab Kl. 5 L (und Pick-up-Kurs E),
ab Kl. 6 E, ab Kl. 8 Gr oder F

Internatsplätze: m./w.: 50

Tagesheimplätze: m./w.: 30

Gruppenstärke: Internat 15, Schule 25

Externe Schüler: 180

Kosten/Monat: € 1.250,– (Tagesheim gestaffelt nach Betreuungszeit ab € 210,–)

Nebenkosten/Monat:
ca. € 100,– (einmalige Aufnahmegebühr: € 150,–/Tagesheim € 75,–)

Pädagogische Schwerpunkte/Besonderheiten:
Ganzheitliche Bildung von Körper, Seele und Geist; individuelle Betreuung; gut strukturierter Tagesablauf; internationale Vernetzung und Sprachprogramme für ausländische SchülerInnen; sonntägl. Internatsgottesdienst; Musisch: Instrumentalunterricht, Chor, Orchester, Bigband; Sportlich: u.a. Handball, Tennis, Fechten, Skifahren, Schwimmen, Volleyball; Sozialpraktikum (Compassion) in Kl. 10; Theater; professionelle Hausaufgabenbetreuung und Fachintensivierungen; Förderung Wintersport; Vielfältige Programmangebote an den Wochenenden.

Tag der offenen Tür: Schnuppertage und Besuche nach Anmeldung immer möglich.

Humboldt-Institut Lindenberg

Siehe auch Seite 24–25

Name und Anschrift:
Humboldt-Institut Lindenberg
Ellgasserstr. 42
88161 Lindenberg im Allgäu
Tel. 0 75 22/9 88-0
www.humboldt-institut.org
info@humboldt-institut.org
f humboldt.institut

Name des Trägers:
Humboldt-Institut e.V.

Internatsleitung:
Anika Schadtle, Dr. Micha Fleiner

Schulleitung:
Anika Schadtle

Schulstatus:
private Bildungseinrichtung
für Deutsch als Fremdsprache

Schularten:
Institut für Deutsch als Fremdsprache

Schulische Ausrichtung:
sprachliche Vorbereitung von Schülern,
die nicht Deutsch als Muttersprache sprechen

Konfession:
nicht gebunden

Sprachenfolge:
es wird ausschließlich Deutsch
als Fremdsprache unterrichtet

Internatsplätze: 200

Klassenstärke:
ca. 10

Externe Schüler:
keine

Kosten/Monat:
€ 3.680,–

Nebenkosten/Monat:
keine

Pädagogische Schwerpunkte/Besonderheiten:
- intensiver Deutschunterricht für nicht-muttersprachliche Schüler zur Vorbereitung auf den Besuch deutscher Internatsschulen
- spezielle Vorbereitungskurse zur Vermittlung fachsprachlicher Kenntnisse zur leichteren Integration internationaler Schüler in deutsche Internatsschulen
- ganzjährig Deutschkurse für Kinder und Jugendliche (13–17 Jahre) ab 2 Wochen Dauer

Tag der offenen Tür: Bitte individuelle Besichtigungstermine vereinbaren.

Gymnasium Lindenberg mit Humboldt-Internat

Siehe auch Seite 27

Name und Anschrift:
Gymnasium Lindenberg
Blumenstr. 12
88161 Lindenberg im Allgäu

Humboldt-Internat
Ellgasser Str. 42
88161 Lindenberg im Allgäu
Tel. 0 75 22/9 88-0
www.internat-lindenberg.de
info@internat-lindenberg.de

Name des Trägers/Internat:
Humboldt-Institut e.V.

Internatsleitung: Anika Schadtle, Stephan Kießling, Ferdinand Pöllath

Träger der Schule:
Freistaat Bayern

Schulleitung: OStDin Karin Ulrich

Schulstatus: staatlich

Schularten: Gymnasium

Schulische Ausrichtung:
sprachl. und naturw.-technologisches Gymnasium, bilingualer Zug

Konfession: nicht gebunden

Sprachenfolge:
E-L(-F/Sp) oder E-F(-Sp)

Internatsplätze: 50

Klassenstärke: 28

Externe Schüler: keine

Kosten/Monat: € 2.130,–

Nebenkosten/Monat: keine

Pädagogische Schwerpunkte/Besonderheiten:
– bilingualer Zug (ab Jahrgangsstufe 7 wählbar)
– Forschungsförderung (mehrmalige Auszeichnung beim Wettbewerb „Jugend forscht")
– musisches Zusatzangebot: Musik (Orchester, Big Band), Kunst, Theater
– differenziertes Tutorenprogramm
– internationale Schüleraustauschprogramme mit Frankreich, Spanien, USA und Ungarn
im Internat zusätzlich: Förderunterricht, Hausaufgabenbetreuung, Musik-Übungsräume, umfangreiches Freizeitangebot, erlebnispädagogisches Programm, Arbeitsgemeinschaften, Leben in internationaler Lerngemeinschaft, Ausflugsprogramm.

Tag der offenen Tür: Bitte individuelle Besichtigungstermine vereinbaren.

Internat Marktoberdorf

Name und Anschrift:
Internat Marktoberdorf
Peter-Dörfler-Str. 10
87616 Marktoberdorf
Tel. 0 83 42/96 64-38 80
Fax 0 83 42/96 64-60
www.internat-marktoberdorf.de
t.lotz@internat-marktoberdorf.de

Name des Trägers: Freistaat Bayern

Internatsleitung:
Thorsten Lotz, Michael Kölbel,
Ulrike Sommermann

Schulleitung/Ansprechpartner:
OStD und Schulleiter Wilhelm Mooser

Schulstatus: staatlich

Schularten:
Gymnasium, Realschule,
Hauptschule mit F 10, bedingt

Schulische Ausrichtung:
Gymnasium:
Naturw.-technologisch, musisch,
Realschule (I, II, III)

Konfession:
nicht gebunden

Sprachenfolge:
musische Ausbildungsrichtung: E-L
naturwissenschaftlich-technologisch: E-L, E-F

Internatsplätze:
w.: 35, m.: 55

Klassenstärke:
wie in allen staatlichen Schulen in Bayern

Kosten/Monat:
€ 475,–

Nebenkosten/Monat:
je nach zusätzlichen Leistungen

Pädagogische Schwerpunkte/Besonderheiten:
Hausaufgabenbetreuung und individuelle fachliche Unterstützung durch Lehrkräfte; umfassendes Freizeitangebot durch AKs an den Schulen, im Internat und in örtlichen Vereinen; am Gymnasium zusätzlich musischer Schwerpunkt und Begabungsstützpunkt; Koedukation deutscher und ausländischer Gastschüler; in der Regel 14-tägig an den Wochenenden geöffnet; Schulplätze an der Real- und Mittelschule stehen nur nach vorheriger Kontaktaufnahme mit der RS und MS Marktoberdorf zur Verfügung, da die Schulen die Plätze selbst vergeben.

Tag der offenen Tür: Bitte individuelle Besichtigungstermine vereinbaren.

Staatliches Mädchengymnasium Max-Josef-Stift

Internat und Tagesheim

Name und Anschrift:
Sprachliches und Musisches Gymnasium Max-Josef-Stift mit Internat und Tagesheim
Röntgenstr. 18, 81679 München
Tel. 0 89 99/84 35-0 oder -115
www.maxjosefstift.de
internat@maxjosefstift.de

Name des Trägers:
Freistaat Bayern

Internatsleitung: StDin Christa Cuomo, OStRin Carola Wong

Schulleitung/Ansprechpartner:
OStDin Kristina Kalb-Heubisch,
StDin Bochnik

Schulstatus: staatlich

Schularten: Gymnasium

Schulische Ausrichtung:
Sprachliches und Musisches Gymnasium für Mädchen, kostenloser Instrumentalunterricht im musischen Zweig

Konfession: nicht gebunden

Sprachenfolge:
L-E-F, E-L-F (im sprachlichen Zweig);
L-E, E-L (im musischen Zweig),
F spätbeginnend möglich

Internatsplätze: 60

Klassenstärke: ca. 25

Externe Schüler: ca. 580

Kosten/Monat: € 395,–

Nebenkosten/Monat: Taschengeld

Pädagogische Schwerpunkte/Besonderheiten:
Intensive Studierzeitbetreuung durch Lehrkräfte, Coaching durch Experten, musikalische Förderung im Pflichtinstrument, Musikübungsräume, Deutsch als Zweitsprache, bilingualer Unterricht, Förderung MINT-Fächer, Hochbegabtenförderung, Theaterklassen, Umweltschule, ausländische Schülerinnen in Klassen integriert; Freizeitangebot: Bewegungskünste, Chor, Orchester, Theater, zahlreiche Wahlkurse; das Internat ist jedes Wochenende (bis auf die bayerische Ferien und 4 Wochenenden jährlich) geöffnet.

Tag der offenen Tür: immer im März (siehe Homepage)
Besichtigung nach Absprache / flexible Aufnahme möglich!

MAX-RILL-GYMNASIUM
SCHLOSS REICHERSBEUERN

Max-Rill-Gymnasium Schloss Reichersbeuern

Name und Anschrift:
Max-Rill-Gymnasium Schloss Reichersbeuern
Schlossweg 1–11, 83677 Reichersbeuern
Tel. 0 80 41/78 71-0
Fax 0 80 41/46 75
www.max-rill-gym.de
info@max-rill-gym.de

Name des Trägers:
MRG gGmbH

Internatsleitung:
Monika Sader (kommissarisch)

Schulleitung:
Carmen Mendez I Canalias

Geschäftsführung:
Carmen Mendez I Canalias

Schulstatus:
staatlich anerkannt

Schularten:
Gymnasium

Schulische Ausrichtung:
Sozialwissenschaftlich

Konfession:
keine

Sprachenfolge:
E-L oder E-F, Chin. spät beginnend

Internatsplätze:
w.: 35, m.: 45

Klassenstärke:
10 bis 20 (kursabhängig)

Externe schüler:
ca. 60

Kosten/Monat:
Internat: € 2.200,–
Tagesschule: € 800,–,
Ermäßigung möglich

Nebenkosten/Monat:
Je nach zusätzlichen Leistungen,
z.B. Studienfahrten

Tag der offenen Tür: individuelle Besuchstermine möglich

Pädagogische Schwerpunkte:

- Fundierte Wissensvermittlung und Persönlichkeitsbildung durch soziale, musisch-ästhetische und interkulturelle Bildung und Erziehung
- Inklusiver pädagogischer Ansatz, der gezieltes Arbeiten mit jungen Menschen mit Asperger-Autismus, Legasthenie/LRS, ADHS als auch Hochbegabung beinhaltet (Legasthenie-, Lern- und Sozialcoaching)
- Individualisierte Betreuung und Förderung mit Lernzeiten in der Ganztagesschule und im Internat
- Begleitung der Eingliederung und Umschulung von genehmigten Schulen und Regelschulen ggf. mit Wechsel des Zweiges, Nachholfristen, Probezeiten oder Überspringen eines Jahrganges
- Planbare und angekündigte Leistungsüberprüfungen, verstärkter mündlicher Fremdsprachenunterricht
- Regelmäßige Lernstandsgespräche im Gymnasium und Entwicklungsgespräche im Internat

Besonderheiten:

- Kleinstes deutsches Internatsgymnasium in historischem Ambiente
- Bayerisches Modellgymnasium im sozialwissenschaftlichen Zweig mit mehreren Berufspraktika, Projektarbeit und Klassenstunde
- Musisch-ästhetischer Profilbereich mit zusätzlichem Gesangs- und Instrumentalunterricht, Theater-, Sprech- und Vortragskursen
- Sportliches und kreatives Gildenangebot: Skifahren, Snowboarden, Bergtouren, Reiten (Bestallung von Pferden), Klettern, Wassersport, Holzschnitzerei, Kochen, Beachvolleyball, Basketball etc.
- Videokonferenz-Unterricht im Online-Unterricht bei Schulschließung, iPad gestützter Unterricht, Medienkompetenzbildung
- Internationale Schüler mit eigener DAF-Betreuung aus China, Russland etc.
- Mehrfache Nominierung des Theaters für den Tassilo-Preis der Süddeutschen Zeitung und Preis für soziales Engagement 2009
- Verkehrsanbindung nach München in 45 min

MRG
Schlossweg 1 - 11
83677 Reicherbeuern
Telefon 0 80 41 / 78 71 0
info@max-rill-gym.de
www.max-rill-gym.de

Schloss Neubeuern

Internats- und Tagesschule Siehe auch Seite 20–21

Name und Anschrift:
Schloss Neubeuern
Schlossstr. 20, 83115 Neubeuern
Tel. 0 80 35/90 62-0
Fax 0 80 35/90 62-30
www.schloss-neubeuern.de
info@schloss-neubeuern.de
f SchlossNeubeuern

Name des Trägers: Gemeinnützige Stiftung Landerziehungsheim Neubeuern

Stiftungsvorstand:
Jörg Schönfeld, Carlo Ribeca
Internats- und Schulleitung: Carlo Ribeca

Schulstatus: staatlich anerkannt

Schulische Ausrichtung:
Naturwissenschaftlich-technologisches und wirtschaftswissenschaftliches Gymnasium

Schularten: Gymnasium

Konfession: alle Konfessionen sind gleichermaßen willkommen

Sprachenfolge: E ab Kl. 5., L oder F ab Kl.6, Sp ab Kl. 10-12

Internatsplätze: w.: 85, m.: 95

Internationale Schüler: 70 von 215 Schülern

Klassenstärke: 8–15

Externe Schüler: ca. 40 Tagesschüler

Kosten/Monat: (Stand 20/21):
Interne Schüler: € 3.615,–, (Geschwister ermäßigt) Tagesschüler: € 1.585,–

Nebenkosten: ca. € 300,–

Pädagogische Schwerpunkte/Besonderheiten: Ganztags-Unterricht mit Differenzierungs-, Übungs- und Förderstunden. Internationale Abteilung für internationale Schüler aus der ganzen Welt: sprachlicher Intensivkurs und sukzessive Eingliederung in den Klassenverband. Verpflichtende Schulkleidung Klassen 5-10 und in der Oberstufe Smart-Office-Wear. Professionelle IT-Ausstattung: persönliches iPad in den Klassen 5-8, ab Kl. 9 rein digitales Arbeiten mit Tablet-PC: strukturierte Ablage von vier Jahren schulischen Wissens. Aufgaben- und Terminverwaltung über Outlook. Noten-Online, Echtzeitdarstellung des Notenbogens für Schüler, Eltern, Lehrer und Mentoren. Berufsweltbezug mit einem Schwerpunkt in Kl. 10 durch hochkarätige Praktika u.a. bei Altschülern, Profilfächer in Kl. 11, Vorträge aus der Arbeitswelt, int. Austauschprogramme, Entrepreneurship- und Medienpädagogik-Unterricht in der Unterstufe. Nachhaltige Werteerziehung mit externen Sozialdiensten in Kl. 9; zahlreiche Gilden und Aktivitäten. Gute Bedingungen für sportliche Aktivitäten.

Tag der offenen Tür: nur individuelle Besuchstermine
International Weekend 29.11.21, **International Summercamp** 1. Juli-15. August 21

Internat des Gymnasiums Pegnitz

Name und Anschrift:
Gymnasium mit Schülerheim Pegnitz
(Staatliche Heimschule)
Wilhelm-von-Humboldt-Str. 7, 91257 Pegnitz
Tel. 0 92 41/48 33-3, Fax 0 92 41/25 64

Internat des Gymnasiums Pegnitz
Dr.-Heinrich-Dittrich-Allee 28, 91257 Pegnitz
Tel. 0 92 41/48 33-3 oder 0 92 41/25 54,
Fax 0 92 41/8 03 62
www.gympeg.de
sek@gympeg.de

Name des Trägers: Freistaat Bayern

Internatsleitung: StD Dr. Frank Keller

Schulleitung: OStDin Annett Becker

Schulstatus: staatlich

Schularten: Gymnasium

Schulische Ausrichtung:
NTG
SG
WSG-S

Konfession:
nicht gebunden

Sprachenfolge:
NTG: E-L/F
SG: E-L-F
WSG-S: E-L/F
} ab 10. Jahrgangsstufe Italienisch möglich

Internatsplätze: m.: 37, w.: 0

Klassenstärke: 18–30

Externe Schüler: ca. 700

Kosten/Monat: € 420,–

Nebenkosten/Monat: keine

Pädagogische Schwerpunkte/Besonderheiten:
Innovatives Studierzeitkonzept (Hausaufgabenbetreuung und tägliche Einzelnachhilfe in bis zu zwei Fächern durch Lehrererzieher des Gymnasiums), familiäre Lern- und Lebensatmosphäre, strukturierter Tagesablauf, Erziehung zu verantwortungsvollem Umgang mit digitalen Medien u.a. durch altersgemäß geregelte Handyzeiten, Förderung der Sozialkompetenz durch ein umfassendes erlebnispädagogisches Freizeitangebot (Mountainbiken, Klettern, Sternwarte, Kinobesuche, Grillen, uvm.), Förderung der sozialen Verantwortung durch Kooperation mit Seniorenheimen und der örtlichen Tafel, internationale Austauschprogramme, UNESCO-Projektschule, abwechslungsreiches Wahlfachprogramm (Homepage, Robotik, Big Band, Theater, ...).

Tag der offenen Tür:
immer im März/April (siehe Homepage).

Internat Schloss Schwarzenberg

Evangelische Internate Deutschlands

Name und Anschrift:
Internat Schloss Schwarzenberg
Schwarzenberg 14, 91443 Scheinfeld
Tel. 0 91 62/92 88-0
www.schloss-schwarzenberg.de
sekretariat@schloss-schwarzenberg.de
f Landschulheim.Schule.Schloss.Schwarzenberg

Name des Trägers:
Mathilde-Zimmer-Stiftung Landschulheim Schule Schloss Schwarzenberg e.V.

Internatsleitung: Angelika Köhler

Schulleitung: Realschule: Lars Wiatkowski; Fachoberschule: Bernd Scheffer

Schulstatus: private, staatlich anerkannte Realschule und Fachoberschule

Schulische Ausrichtung:
Realschule Zweig I, II, III a (F), III b (Ku); Fachoberschule Wirtschaft und Verwaltung – Technik – Sozialwesen - Gesundheit - Vorklasse - 2te Fremdsprache

Schularten: intern: Realschule und Fachoberschule; extern: Mittelschule, Gymnasium, Berufsfachschule für: Ernährung und Versorgung, Agrarwirtschaft, Kinderpflege sowie Sozialpflege, Berufsvorbereitungsjahr, Jugendliche ohne Ausbildungsplatz

Konfession: nicht gebunden

Sprachenfolge: E/fakultativ F

Internatsplätze: w.: 30, m.: 50

Klassenstärke: 18–25

Externe Schüler: RS: 440; FOS: 140

Kosten/Monat: € 920,– für Real- und Mittelschule, Gymnasium, BSZ; € 980,– FOS 11. Kl.; € 1.025,– FOS 12. Kl.; jeweils für 11 Schulmonate

Nebenkosten: Taschengeld, Fahrtkosten

Pädagogische Schwerpunkte/Besonderheiten: Internat mit familiärer Struktur in sechs Häusern (einzelne Bungalows); umfangreiches Ganztagesangebot mit intensiver Förderung der Prüfungsfächer (Deutsch, Mathematik, Englisch, Physik, Französisch, BWR usw.) und Hausaufgabenbetreuung; breites Sportangebot, z. B. Fußball, Schwimmen, Tanz, Krafttraining, Hip Hop, Tischtennis; Musikangebot wie Schulorchester, Bläsergruppe, Einzelunterricht Klavier; weitere Kurse wie Bewerbungstraining, Kochkurs, kreatives Basteln, Theater, Schulsanitätsdienst u.v.a.m. Die Schüler sollen lernen, Pflichten zu übernehmen und Anstrengungsbereitschaft zu zeigen. Groß geschrieben werden Anstand und Wertevermittlung.

Tag der offenen Tür: 09.05.2021 Schulfest von 13:00 bis 16:00 Uhr.

Internat
Realschule
Fachoberschule
Schloss Schwarzenberg

Landheim Ammersee – Stiftung Landheim Schondorf am Ammersee

Name und Anschrift:
Landheim Ammersee –
Stiftung Landheim Schondorf am Ammersee
Landheimstr. 1–14, 86938 Schondorf
Tel. 0 81 92/80 90, Fax 0 81 92/79 93
www.landheim-ammersee.de
aufnahme@landheim-ammersee.de
f LandheimAmmersee

Name des Trägers:
Stiftung Landheim Schondorf am Ammersee

Stiftungsleitung:
Rüdiger Häusler

Internatsleitung: Andreas Öhlerking

Schulleitung: Matthias Bangert

Schulstatus:
ERG: staatlich anerkannt,
JLG:staatlich genehmigt,
GS: staatlich anerkannt

Schularten:
Ernst-Reisinger-Gymnasium (ERG)
Julius-Lohmann-Gymnasium (JLG)
Julie-Kerschensteiner-Grundschule (GS)

LANDHEIM AMMERSEE
Internatsschulen seit 1905

Schulische Ausrichtung: sprachlich, wirtschafts- und sozialwissenschaftlich

Konfession: nicht gebunden

Sprachenfolge: ab Kl. 5: E, ab Kl. 6: L/F, ab Kl. 8: F/Sp/Wirtschaft und Recht

Internatsplätze: max. w.: 100, m.: 200

Klassenstärke:
max. 13 (JLG/GS) und max. 20 (ERG)

Externe Schüler:
max. 120 Tagesheimschüler

Kosten/Monat:
GS-Internat Kl. 1–4: € 3.374,–,
Internatsgymnasien Kl. 5–12:
€ 3.202,– bis € 3.539,–

Nebenkosten/Monat:
ca. € 150,– je nach Klassenstufe

Tag der offenen Tür: mehrmals im Jahr - online und auf dem Campus

Ansprechpartner für Anfragen (Aufnahme):
Maike Häusler Tel. 0 81 92/8 09-214:
Individuelle Beratungstermine sowie Probewohnen sind ganzjährig möglich.

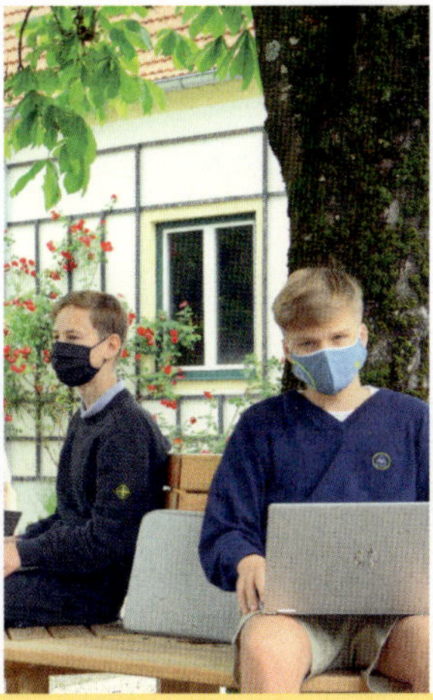

Siehe auch Seite 12–13

LANDHEIM AMMERSEE
Internatsschulen seit 1905

ROUND SQUARE

die internate VEREINIGUNG e.V.

Gemeinschaft erleben. Vorbild werden.
In ruhiger Lage am Ammersee, direkt bei München, führen wir Schüler auf individuellem Weg zum bayerischen Abitur – von Klasse 1 bis 12.
Kleine Klassen und motivierende Lernkonzepte sind unsere Basis einer exzellenten schulischen Bildung. Die sprach- und wirtschaftswissenschaftliche Ausrichtung ist tägliche Praxis durch gelebte Internationalität. Zahlreiche Werkstätten künstlerischer und sportlicher Art fördern persönliche Talente.

Verantwortungsvolle Landheim-Entrepreneure.
Was ist das Wichtigste, das ein Internat seinen Schülern auf ihren Lebensweg mitgeben kann? Wir glauben: eine Haltung. Innere Ruhe. Und Optimismus.
Kinder werden bei uns zu jungen Persönlichkeiten mit einem starken Sinn für Gemeinschaft, mit hoher Empathie und ressourcenbewusstem Umgang. Sie erleben innere Ruhe, übernehmen altersgerecht Verantwortung und lernen Entscheidungen zu treffen. Für sich selbst und ihr Umfeld, für Organisation und Planung, Umwelt und Wirtschaftlichkeit, Unternehmungen und Unternehmen. Ein Vorbild von morgen.

Schwerpunkte und Besonderheiten:
- Ganzheitlicher Erziehungs- und Ausbildungsansatz: Lernen mit Kopf, Herz und Hand
- Dem Einzelnen gerecht werden durch individuelle Förderung und Herausforderung
- Konstanter Bildungs- und Erziehungspartner für Schüler und Familien
- Innovative digitale Konzepte, durchgehender Stundenplan, intensive Betreuung und fortlaufender Internatsbetrieb erlauben größtmögliche Normalität auch in Corona-Zeiten
- Überdurchschnittliches, betreutes Freizeitangebot auf einzigartig gelegenem Campus am Ufer des Ammersees mit eigenem Segel- und Badesteg.
- Über 30 Werkstätten aus den Bereichen Handwerk/Technik, Kunst/Musik und Sport
- Optimale Infrastruktur und günstige Verkehrsanbindung nach München und Augsburg
- Weiterer Schwerpunkt auf Internationalisierung (Mitgliedschaft beim globalen Schulnetzwerk Round Square und damit verbundene Austauschprogramme, www.roundsquare.org)

Internat und Tagesheim der Abtei Schäftlarn

Siehe auch Seite 118

Name und Anschrift:
Internat und Tagesheim der Abtei Schäftlarn
82067 Kloster Schäftlarn (bei München)
Tel. 0 81 78/79 20
Fax 0 81 78/79 72
www.abtei-schaeftlarn.de
internat@abtei-schaeftlarn.de

Verband Katholischer Internate und Tagesinternate

Name des Trägers:
Benediktinerabtei Schäftlarn

Internatsleitung:
Dipl. Theol. Caspar van Laak

Schulleitung:
OStD Wolfgang Sagmeister
StD i.K. Reinhard Rosenbeck

Schulstatus:
staatlich anerkannt

Schularten:
Gymnasium

Schulische Ausrichtung:
Sprachlich-humanistisch

Konfession:
kath., ev., orthodox, o.B.

Sprachenfolge:
ab Kl. 5 L, ab Kl. 6 E, ab Kl. 8 F oder Gr, ab Kl. 10 bis Kl. 12 Sp

Internatsplätze:
m.: 52, Tagesheimplätze: m./w.: 500

Klassenstärke:
ca. 23

Gesamtschüler:
ca. 530

Kosten/Monat:
€ 420,– / mit Internat € 536,–

Nebenkosten/Monat:
ca. € 40,–

Pädagogische Schwerpunkte/Besonderheiten:
Ganzheitliche christliche Bildung und Erziehung, Erfahrene Kernfachlehrer-Erzieherteams, Bläser-Klasse, Chor-Klasse, Akrobatik-Klasse, Fußball-Klasse, intensive Betreuung, individuelle Förderung, methodisches und soziales Lernen, Lernbüros in den Kernfächern, Tutoren-Programm, Schüleraustausch mit Frankreich, Kanada, Peru und Indien.

Tag der offenen Tür: siehe: www.abtei-schaeftlarn.de

Gymnasium mit Internat Hohenschwangau

Name und Anschrift:
Gymnasium mit Internat Hohenschwangau
Colomanstr. 10, 87645 Schwangau
Tel. 0 83 62/93 00 50
Fax 0 83 62/9 30 05 17
www.gymnasium-hohenschwangau.de
leitung@gymnasium-hohenschwangau.de

Name des Trägers: Freistaat Bayern

Internatsleitung: StD Georg Waldmann, StR Stephan Oxynos

Schulleitung: OStD Thomas Schauer, StD Andreas Amberger

Schulstatus: staatlich

Schularten: Gymnasium

Schulische Ausrichtung:
Naturwissenschaftl.-technologisches Gymnasium, Sprachliches Gymnasium

Konfession:
nicht gebunden

Sprachenfolge:
E, F/L; E, L, F
I (spätbeginnende FS)

Internatsplätze: w.: 30, m.: 70

Klassenstärke: 20–30

Externe Schüler: ca. 650

Kosten/Monat: € 475,–

Nebenkosten/Monat: keine

Pädagogische Schwerpunkte/Besonderheiten:
Partnerschule des Wintersports; Leistungssportkooperationen Eishockey, Ski und Biathlon; Teil des Projekts "Schule gegen Rassismus – Schule mit Courage"; ausländische Gastschüler in deutsche Klassen integriert; Theater, Chor und Bigband; Sprachzertifikate DELF und CAE; Italienisch als spätbeginnende Fremdsprache (ab 10. Kl.); Europäischer Computerführerschein ECDL, MINT-freundliche Schule (MINT=Mathematik, Informatik, Naturwissenschaft, Technik); Hausaufgabenbetreuung; im Internat schulische Unterstützung durch Fachlehrkräfte am Nachmittag; für ausländ. Internatsschüler extra Deutsch als Fremdsprache (ab 10. Kl.); das Internat ist jedes Wochenende (außer in den Ferien) geöffnet.

Tag der offenen Tür: Bitte auf der Homepage der Schule nachlesen bzw. individuellen Besichtigungstermin vereinbaren.

Studienseminar St. Michael

Das Jungeninternat in Traunstein Siehe auch Seite 118

VKIT Verband Katholischer Internate und Tagesinternate

Name und Anschrift:
Studienseminar St. Michael
Das Jungeninternat in Traunstein
Kardinal-Faulhaber-Straße 6
83278 Traunstein
Tel. 08 61/1 66 82-0,
Fax 08 61/1 66 82-20
www.seminar-traunstein.de
info@seminar-traunstein.de

Name des Trägers: Stiftung Erzbischöfliches Studienseminar St. Michael Traunstein

Internatsleitung:
Direktor Wolfgang Dinglreiter

Wahlmöglichkeit aus 3 Schultypen:
Gymnasium: sprachlich/naturwissenschaftlich-technologisch
Realschule:
mathematisch-naturwissenschaftlich/wirtschaftlich-kaufmännisch/fremdsprachlich/musisch-gestalterisch
FOS/BOS:
Sozialzweig, Wirtschaftszweig, Technischer Zweig

Konfession: offen für alle Konfessionen

Sprachenfolge: Je nach Schultyp mehrere Möglichkeiten zur Auswahl.

Internatsplätze:
m.: 40 Betreuung in kleinen Gruppen.

Kosten/Monat: € 455,–
(Verpflegung, Unterbringung, Betreuung).
Förderungen bei Bedarf möglich.

Nebenkosten/Monat: Musikunterricht, Taschengeld, Heimfahrten, Schulmaterial

Pädagogische Schwerpunkte/Besonderheiten: **Erfolgreich zum Schulabschluss:** Einstieg ab der 5. Schulstufe, aber auch später möglich • **Mehrere Schulen zur Auswahl:** Gymnasium, Realschule, FOS/BOS • **Lernbegleitung mit modernen Lernmethoden:** Lerntypentest, Lernzielvereinbarung, lösungsorientierte Lernberatung, Lernbetreuung in kleinen Gruppen • **Sport, Musik und viele Freizeitmöglichkeiten:** Sportanlagen, Hallenbad eigener Musiklehrer, Ausflüge u. a. • **Attraktive Zusatzqualifikationen, praxisnah vermittelt:** IT- und Medienkompetenz, Umweltmanagement, Handwerk und Design, Jugendgastronomie, Gartengestaltung • **Wir leben Nachhaltigkeit:** Umweltmanagement, viele Umweltprojekte z.B. Insektengarten mit eigener Imkerei, Plastikfasten • **Christliche Werte – zeitgemäß gelebt:** Christ sein mit Courage • **Wir sind für Ihren Sohn gerne ein „zweites Zuhause".**

Tag der offenen Tür: Zu unserem Test- und Demo Day laden wir interessierte Jungen und deren Eltern ein, unser Haus und unsere Pädagogen/innen kennen zu lernen. Gerne informieren wir Sie über die Details.

STUDIENSEMINAR
ST. MICHAEL

Mit Herz, Hirn & Hand!

DAS JUNGENINTERNAT

GUT LEBEN- GUT LERNEN

Das Internat St. Michael bietet Jungen ab der 5ten Klasse ein „zweites Zuhause". In kleinen Gruppen werden die Jungen individuell und in familiärer Atmosphäre begleitet. Unsere Pädagogen/-innen verfügen über ein ausgeprägtes Wissen und breite Erfahrungen im Bereich Jungenpädagogik. Die Jungendlichen sollen bei uns gerne leben und zeitgemäß im christlichen Geist zu einer selbstbewussten und beziehungsfähigen Persönlichkeit heranwachsen.

Durch unsere gute Zusammenarbeit mit 3 Schultypen in der Schulstadt Traunstein können die Jungen ihren persönlichen Erfolgsweg zum Abitur wählen: Gymnasium, Realschule, FOS/BOS. Interessante Zusatzqualifikationen fördern die Talente der Jungen über den Schulalltag hinaus.

Besonders geschätzt wird in unserem Haus die Abwechslung zwischen strukturiertem Lernen, gemeinsamem Essen und den vielfältigen Freizeitangeboten auf einem Gelände von 44.000 m². Das entspricht dem Lebensgefühl junger Menschen.
Durch unser Umweltmanagement, viele Umweltprojekte und Veranstaltungen können Jugendliche erfahren: nachhaltig zu leben macht Sinn und schenkt Lebensqualität.

Liebe Eltern, liebe Jungen, ich hoffe, dass ich Ihr und Euer Interesse wecken konnte. Über einen Besuch würde ich mich freuen. Bei Fragen stehen mein Team und ich auch telefonisch oder per Mail zur Verfügung.

Wolfgang Dinglreiter

Wolfgang Dinglreiter, Direktor

Studienseminar St. Michael - Jungeninternat
Internat des Erzbistums München und Freising
Kardinal-Faulhaber-Straße 6 • 83278 Traunstein
Telefon 0861 - 166 82-0 • Fax 0861 - 166 82-20
info@seminar-traunstein.de • www.studienseminar-stmichael.de

Schule Schloss Stein

Name und Anschrift:
Schule Schloss Stein e. V.
Schlosshof 1, 83371 Stein an der Traun
Tel. 0 86 21/80 01-114
Fax 0 86 21/80 01-110
www.schule-schloss-stein.de
info@schule-schloss-stein.de

Name des Trägers:
Schule Schloss Stein e. V.

Internatsleitung:
Sebastian Ziegler

Schulleitung:
Theresia Schilling

Schulstatus:
staatlich anerkannt

Schularten:
Internatsgymnasium

Schulische Ausrichtung:
sprachlich
wirtschaftswissenschaftlich

Konfession:
keine

Sprachenfolge:
E-L-F bzw. E-L-Sp
E-F bzw. E-L

Internatsplätze:
w.: 50, m.: 60

Klassenstärke:
15–20

Externe Schüler:
ca. 45 Tagesheimschüler

Kosten/Monat:
Kl. 5–7: € 3.332,–
Kl. 8–10: € 3.695,–
Kl. 11–12: € 3.857,–

Nebenkosten/Monat:
ca. € 400,–

Pädagogische Schwerpunkte/Besonderheiten:
Förderung und Forderung in familiärer Atmosphäre, Unterricht in kleinen Klassen mit intensiver Hausaufgabenbetreuung und Förderkursen. Mannschaftssportarten, Tennis, Golf, Schwimmen, Rugby, eigener Reitstall, Theater, Malerei, Bildhauerei, Chor, Instrumentalunterricht. Schulkleidung, Hightech Turnhalle mit Glasschwingboden und neue Boulder- und Kletterhalle.

Internate in

Berlin

10115 Berlin
Deutsche Stiftung
United World Colleges UWC
Linienstraße 151
Tel. 0 30/47 37 47 57

10409 Berlin
Staatliche Ballettschule und
Schule für Artistik
Erich-Weinert-Str. 103
Tel. 0 30/4 05 77 90

Grund- und Realschule,
Berufsfachschule, Gymnasiale Oberstufe

13053 Berlin
Haus der Athleten, Schul- und
Leistungssportzentrum Berlin (SLZB)
Fritz-Lesch-Str. 35
Tel. 0 30/9 83 18 54 00

Sportbetonte Gesamtschule mit
Grundschule und gymnasialer Oberstufe

13505 Berlin
Schulfarm Insel Scharfenberg
Schwarzer Weg 103
Tel. 0 30/43 09 44 33-0

Gymnasium

14195 Berlin-Dahlem
Königin-Luise-Stiftung
Schulen und Internat
Podbielskiallee 78
Tel. 0 30/8 41 81-3

Grundschule,
Integrierte Sekundarschule,
Gymnasium

**14532 Kleinmachnow
(Berlin/Potsdam)**
BBIS Berlin Brandenburg
International School
Schopfheimer Allee 10
Tel. 03 32 03/80 36-0

Private, internationale,
englischsprachige Ganztagsschule
mit angegliedertem Internat,
Elementary School (3 Jahre – 5. Klasse),
Middle School (6. – 8. Klasse),
High School (9. – 12. Klasse)

Internate in

Brandenburg

03050 Cottbus
Haus der Athleten
Dresdner Straße 18
Tel. 03 55/4 99 00

Sportinternat

14943 Luckenwalde
Friedrich-Ludwig-Jahn-Oberschule
Ludwig-Jahn-Straße 27
Tel. 0 33 71/64 20 39

Gesamtschule mit gymnasialer Oberstufe,
Eliteschule des Sports

14641 Nauen
Sport-Internat "Olymp"
Leonardo-da-Vinci-Campus Nauen
Alfred-Nobel-Straße 10
Tel. 0 33 21/7 48 78 20

Gesamtschule

■ **ausführliche Angaben: Seite 149**

16845 Neustadt/Dosse
Internat Schloss Spiegelberg gGmbH
Spiegelberg 34
Tel. 03 39 70/51 81 99

Gesamtschule mit besonderer Prägung,
gymnasiale Oberstufe und speziellem
sportlichen Profil Reitsport

15898 Neuzelle
Campus im Stift Neuzelle
Stiftsplatz 7
Tel. 08 00/39 39 018

Gymnasium,
Oberschule,
Sprachschule,
Musik- & Kunstschule

■ **ausführliche Angaben: Seite 150**

14471 Potsdam
Wohnheim der Eliteschule
des Sports Potsdam
Zeppelinstr. 114–117
Tel. 03 31/2 89 82 40

Sportinternat

15834 Rangsdorf
Seeschule Rangsdorf
Stauffenbergallee 6
Tel. 03 37 08/4 49 47

Gymnasium,
Oberschule

Sport-Internat "Olymp"

Name und Anschrift:
Sport-Internat "Olymp"
Leonardo da Vinci Campus Nauen
Alfred-Nobel-Straße 10, 14641 Nauen
Tel. 0 33 21/74 878 20
www.ldvc.de, sekretariat@ldvc.de

Name des Trägers:
Da-Vinci-Campus Nauen gGmbH

Internatsleitung: Timo Insel

Schulleitung/Ansprechpartner:
Gesamtschule: Anica Petrovic-Wriedt

Schulstatus: staatlich anerkannt

Schularten:
Sport- und Kreativitätsgesamtschule

Schulische Ausrichtung:
Gesamtschule mit Sportprofil (15 Std. Sport pro Woche) in Abstimmung mit additivem Vereinstraining

Konfession: nicht gebunden

Sprachenfolge: ab Klasse 11 E-Sp / E-F

Internatsplätze: 25

Klassenstärke: 24

Externe Schüler: ca. 320

Kosten/Monat:
Internat: € 250,– / Verpflegung: € 120,–
Schule: einkommensabhängig

Pädagogische Schwerpunkte/Besonderheiten:
Mit dem Sport-Internat „Olymp" steht jugendlichen Leistungssportlern ein stationäres Segment für eine qualifizierte Betreuung und individuelle Förderung zur Verfügung. Hier wurde ein Betreuungs- und Unterbringungsangebot entwickelt, das Leistungssport und Schule auf höchstem Niveau mit- einander verbindet. Die Betreuungsverantwortlichen des Sport-Internats arbeiten direkt mit den Lehrern der Schule und ausgebildeten Trainern des Sportvereins auf dem Campus zusammen. Das Sport-Internat „Olymp" ist für Jugendliche zugänglich, die insbesondere in den Kernsportarten Leichtathletik, Basketball, Volleyball und Rugby unter der Voraussetzung der Leistungssportförderung trainieren und in der Sport- und Kreativitätsgesamtschule des Campus beschult werden.

Campus im Stift Neuzelle

Brandenburg

Name und Anschrift:
Rahn Education – Campus im Stift Neuzelle
Dr. P. Rahn & Partner
Schulen in freier Trägerschaft
gemeinnützige Schulgesellschaft mbH
Stiftsplatz 7, 15898 Neuzelle
Kostenlose Servicenummer: 0800 39 39 018
www.rahn.education
internatsleitung-nz@rahn.education

Campusleitung: Daniela Sahraoui

Internatsleitung: Ronny Stößer

Schulstatus:
Staatlich anerkannte Ersatzschule,
Schule mit internationaler Ausrichtung,
Ganztagsschule

Schularten: Gymnasium, Oberschule, Sprachschule, Musik- & Kunstschule

Rahn Education Campus im Stift Neuzelle

VDP

Schulische Ausrichtung:
International, Naturwissenschaft, Wirtschaftswissenschaft, Sprachen, musikalisch-künstlerische Ausrichtung

Konfession: nicht gebunden

Sprachenfolge: E, Po, F, Sp, R, L

Internatsplätze: 83

Klassenstärke: 25

Schülerzahl insgesamt: 560

Kosten/Monat:
Gymnasium + Oberschule € 194,–
Internat € 2.510,–

Pädagogische Schwerpunkte/Besonderheiten:
Internationalität und Interkulturalität werden im Internat des Campus im Stift Neuzelle ganz groß geschrieben. Schüler*innen aus den unterschiedlichsten Teilen der Welt leben und lernen hier zusammen, so entstehen Freundschaften und Netzwerke. Dahinter steht die Überzeugung, dass Toleranz, Offenheit, Neugier und Respekt die Grundlage für eine erfolgreiche und weltgewandte Persönlichkeit und Lebensgestaltung in einer sich immer stärker verbindenden und globalisierenden Welt und Gesellschaft sind. In einer besonderen Atmosphäre zwischen dem historischen Gebäudekomplex und einer modernen Ausstattung auf dem Campus wird den Schüler*innen ein breites akademisches Angebot an naturwissenschaftlichen Fächern sowie Fremdsprachen ermöglicht und kreative Aktivitäten in der campuseigenen Musik- und Kunstschule angeboten. Unter dem Motto: „Von Neuzelle in die Welt", sind momentan folgende Abschlüsse möglich: IB Diploma (DP), Deutsches Abitur, Erweiterte Berufsschulreife (EBR), Fachoberschulreife (FOR), Fachoberschulreife mit Berechtigung zum Übergang in die gymnasiale Oberstufe (FORQ).

Internate in

Hessen

Hessen

35469 Allendorf/Lumda
Burg Nordeck
Otto-Erdmann-Straße 6
Tel. 0 64 07/40 49-0

über Kinder- und Jugendhilfe,
Flex-Fernschule

37242 Bad Sooden-Allendorf
Sportinternat
Georg-Niege-Weg 1–3, Tel. 0 56 52/29 09

Sportinternat

34596 Bad Zwesten
CJD Jugenddorf-Christophorusschule
Oberurff
Bergfreiheiter Straße 19
Tel. 0 56 26/99 84-0

Realschule, Gymnasium

69488 Birkenau/Odenwald
Metropolitan International School
Hauptstraße 105, Tel. 0 62 04/7 08 77 96

Internationale Grundschule
Internationales Gymnasium

64297 Darmstadt
Schulzentrum Marienhöhe
Auf der Marienhöhe 32
Tel. 0 61 51/5 39 10

Gymnasium, Realschule, Grundschule,
Kolleg

ausführliche Angaben: Seite 160

64807 Dieburg
Private Tages- und
Internatsschule Dieburg gGmbH
Altheimer Str. 50, Tel. 0 60 71/9 24 20

IGS Integrierte Gesamtschule,
Realschule, Gymnasium

61209 Echzell
Privatschule Internat Lucius
Forsthaus 1
Tel. 0 60 08/2 32

Gymnasium

**ausführliche Angaben:
Seite 154–155**

60528 Frankfurt am Main
Haus der Athleten des
Olympiastützpunktes
Frankfurt am Main
Otto-Fleck-Schneise 8
Tel. 0 69/6 78 01-0 u. 6 78 01-117

Leistungssportinternat für ausgewählte
Sportarten

65366 Geisenheim
Internatsschule Schloss
Hansenberg
Hansenbergallee 11
Tel. 0 67 22/49 60

Für besonders leistungsmotivierte und
leistungsfähige Schüler nach 9. Kl.
Oberstufeninternat

65589 Hadamar
Musisches Internat der
Limburger Domsingknaben
Bernardusweg 6, Tel. 0 64 33/8 87-0

Tagesinternat für Jungen ab Kl. 1–13
(Mitglied im VKIT)

36166 Haunetal
Lietz Internat Hohenwehrda
Schloss Hohenwehrda
Tel. 0 66 73/9 29 90

Realschule/Gymnasium bis Kl. 10/
Orientierungsstufe 5/6, Fachoberschule

ausführliche Angaben: Seite 156

36145 Hofbieber
Lietz Internat Schloss Bieberstein
Schloss Hohenwehrda 2
Tel. 0 66 57/79-0

Gymnasium (nur Oberstufe)

■ **ausführliche Angaben: Seite 157**

68623 Lampertheim
Privates Litauisches Gymnasium
Lorscher Straße 1
Tel. 0 62 56/3 22

Gymnasium

63225 Langen
Basketball-Teilzeit-Internat Langen
Berliner Allee 91, Tel. 0 61 03/7 94 20

Sportinternat

35321 Laubach
Laubach-Kolleg
Königsberger Str. 2
Tel. 06405 91200

Gymnasialen Oberstufe,
Realschule für Erwachsene

35041 Marburg
Daniel-Cederberg-Schule
Neuhöfe 17, Tel. 0 64 21/93 64 30

Förderschule

35043 Marburg
Steinmühle – Schule & Internat
Steinmühlenweg 21
Tel. 0 64 21/40 80

Grundschule, Gymnasium und externe
Mittelstufenschule

■ **ausführliche Angaben:
Seite 158–159**

65527 Niedernhausen
Privatgymnasium Königshofen
Niederseelbacher Str. 64
Tel. 0 61 27/57 34

Gymnasium

SEIT
1809
Die Privatschule Internat Lucius
ist die älteste familiengeführte
Internatsschule Deutschlands.

Privatschule Internat Lucius

Gymnasium

Name und Anschrift:
Internatsschule Institut Lucius
Forsthaus 1, 61209 Echzell
Tel. 0 60 08/2 32, Fax 0 60 08/73 32
www.internat-lucius.de, info@internat-lucius.de

Name des Trägers:
Schulverein Forsthaus bei Echzell e.V.

Internatsleitung:
Laura Lucius

Schulleiterin/Ansprechpartnerin:
Laura Lucius

Schulstatus:
staatlich anerkannte Privatschule mit internationaler Ausrichtung

Schularten:
Gymnasium G9

VDP

Schulische Ausrichtung: Neusprachlich nach dem hessischen Kerncurriculum

Konfession: überkonfessionell

Sprachenfolge: Kl. 5: E, Kl. 7: F/L, E-Phase: Sp

Klassenstärke: ca. 20

Externe Schüler: Ganztagsschule ab Kl. 5 bis Abitur, Kosten auf Anfrage

Kosten/Monat:
Stand 01.02.2020
Kl. 5–6: € 1.660,–
Kl. 7–9: € 1.960,–
Kl. 10–12: € 2.060,–

Nebenkosten/Monat: ca. € 100,–

Pädagogische Schwerpunkte/Besonderheiten:
In der gymnasialen Oberstufe sehr kleine Leistungs- und Grundkurse. Förder- und Stützkurse in Mathematik, Physik und Deutsch. Qualifizierte Betreuung in der obligatorischen Studierzeit. Kunst-Leistungskurs. Ausgeprägtes musikalisches Leben. Ausgewogene Betreuung nach der Schule, vor allem auch für unsere Jüngsten. Darstellendes Spiel in den Klassen 7, 9, 10, Q1–Q4. Band, Theater- und Musical-AG, Chor, Instrumental- und Gesangsunterricht, Astronomie-AG. Sport: Fußball, Volleyball, Basketball, Badminton, Tennis, Leichtathletik, Beach-Volleyball, Tischtennis, Fitness. Klassen 5 und 6: In unserer kleinen Unterstufe finden unsere Schülerinnen und Schüler eine ideale Fortsetzung der behüteten, persönlichen und strukturierten Arbeitsweise der Grundschule, gepaart mit den Inhalten und Ansprüchen eines staatlich anerkannten Gymnasiums.

Tag der offenen Tür: 6. Februar 2021 von 14-17 Uhr, evtl. nur virtuell, aktuelle Infos auf unsere Webseite. Beratung telefonisch auch jeder Zeit sehr gerne.

Lietz Internat Hohenwehrda

Name und Anschrift:
Lietz Internat Hohenwehrda
Schloss Hohenwehrda 2, 36166 Haunetal
Tel. 0 66 73/9 29 90, Fax 0 66 73/9 29 940
www.internat-hohenwehrda.de
hohenwehrda@lietz-schule.de
LietzInternatHohenwehrda
lietz.internat.hohenwehrda

Name des Trägers:
Stiftung Deutsche Landerziehungsheime
Hermann-Lietz-Schule,
Im Grund 2, 36145 Hofbieber

Internats- und Schulleitung:
Sabine Hasenjaeger

Schulstatus:
staatlich anerkannte Privatschule

Schularten:
Realschule/Gymnasium bis Kl. 10/
Orientierungsstufe 5/6, Fachoberschule
(Schwerpunkt Sozialwesen)

Schulische Ausrichtung:
Hess. Lehrplan nach ganzheitlicher
Pädagogik von Dr. Hermann Lietz

Konfession: nicht gebunden

Sprachenfolge: E, F, L, Sp

Internatsplätze: w.: 50, m.: 70

Klassenstärke: 12–16

Externe Schüler: keine

Kosten/Monat:
€ 3.167,– (Schuljahr 2020/2021)

Nebenkosten/Monat: ca. € 200,–

Pädagogische Schwerpunkte/Besonderheiten:
- Schwerpunkt Musik und Theater: Gesangs- und Chorausbildung, Instrumentalunterricht, Darstellendes Spiel
- fundiertes Integrationsprogramm für internationale Schüler (Deutsch als Fremdsprache, individuelle Stundenpläne, Anerkennung der Muttersprache als zweite Fremdsprache, kontinuierliche Wochenend- und Ferienbetreuung)

Tag der offenen Tür: zweimal im Jahr, Termin wird auf der Homepage bekannt gegeben.
Summerschool: „Fit für das neue Schuljahr – Theater und mehr" vom 31.07.–14.08.2021

Lietz Internat Schloss Bieberstein

Name und Anschrift:
Lietz Internat Schloss Bieberstein
Schloss Bieberstein, 36145 Hofbieber
Tel. 0 66 57/79-0, Fax 0 66 57/79-51
www.internat-schloss-bieberstein.de
bieberstein@lietz-schule.de
f LietzInternatSchlossBieberstein
internat_schloss.bieberstein

Name des Trägers:
Stiftung Deutsche Landerziehungsheime
Hermann-Lietz-Schule,
Im Grund 2, 36145 Hofbieber

Internats- und Schulleitung:
Michael Meister

Schulstatus:
staatlich anerkannte Privatschule

Schularten:
Gymnasium (nur Oberstufe) mit Einführungsphase und E-International

HERMANN-LIETZ-SCHULE
DER PARITÄTISCHE HESSEN
VDP
die internate VEREINIGUNG e.V.

Schulische Ausrichtung:
Hess. Rahmenplan nach ganzheitlicher Pädagogik von Dr. Hermann Lietz

Konfession: nicht gebunden

Sprachenfolge: E, L, F, Sp

Internatsplätze: w.: 55, m.: 55

Klassenstärke: 10–15 Schüler

Externe Schüler: keine

Kosten/Monat:
€ 3.167,– (Schuljahr 2020/2021)

Nebenkosten/Monat: ca. € 250,–

Pädagogische Schwerpunkte/Besonderheiten: • Schwerpunktfächer neben dem gängigen Fächerkanon der hessischen Oberstufenverordnung: Wirtschaftswissensschaften und Kunst. • individuelle Fördermöglichkeiten für den einzelnen Schüler • Gilden und praktische Arbeiten mit musisch-künstlerischen und sportlichen Schwerpunkten (Theater, Goldschmiede, Klettern, Reiten, Kampfsport, ...) bilden ein umfangreiches Freizeitangebot. • In Anlehnung an Pestalozzi – Leben und Lernen mit Kopf, Herz und Hand. • E-International: Im ersten Schulhalbjahr findet schulisches Arbeiten in Verbindung mit Erfahrungslernen in vielfältigen Projekten weltweit statt während der Unterricht nach hessischem Lehrplan via E-Learning von Bieberstein aus gestaltet und betreut wird. iPad-Klassen, 10. Klasse Gymnasium mit Schwerpunkt Wirtschaftswissenschaften

Tag der offenen Tür: einmal im Jahr, Termin wird auf der Homepage bekannt gegeben.
Summerschool: „Fit für die Oberstufe – mit Lietz!" vom 31.07.–14.08.2021

Steinmühle – Schule & Internat

die internate VEREINIGUNG e.V. VDP

Name und Anschrift:
Steinmühle – Schule & Internat
Steinmühlenweg 21
35043 Marburg
Tel. 0 64 21/4 08-0
Fax 0 64 21/4 08-40
www.steinmuehle.de
internat@steinmuehle.de

Name des Trägers:
Steinmühle – Schule & Internat

Internatsleitung: Anke Muszynski

Schulleitung: Björn Gemmer/Bernd Holly

Schulstatus:
staatlich anerkanntes Gymnasium

Schularten: Gymnasium und externe Mittelstufenschule, bilinguale Grundschule

Sprachenfolge: E ab Kl. 5; F, L oder Sp ab Kl. 7; Sp, I oder R ab der Oberstufe

Schulische Ausrichtung:
Sek I: Gebundenes Ganztagsschulkonzept mit Schwerpunkt auf individuellem Fördern und sozialem Lernen (G8/G9 Optionsmodell);
Sek II: Profiloberstufe mit breitem Leistungskursangebot, u.a. LK Kunst u. Sport; MINT-freundliche Schule, Umweltschule, digitale Schule mit Fokus auf Medienkompetenz

Konfession: nicht gebunden

Internatsplätze: 90

Klassenstärke: 20

Externe Schüler/innen: ca. 650

Kosten/Monat: ab € 1.890,–

Nebenkosten/Monat: ca. € 100,–

Pädagogische Schwerpunkte/Besonderheiten:
- Internat ab Klasse 5, G8/G9-Optionsmodell, breites Oberstufenangebot mit festen Lerngruppen
- Stabiles soziales Umfeld für eine erfolgreiche Persönlichkeits- und Kompetenzentwicklung
- Tägliches „Lernbüro-Angebot": Diagnose des Leistungsstandes und individuellen Lernverhaltens, hohe Feedbackkultur, Vorbereitung auf Prüfungen
- Tablet-gestützter Unterricht, Kunstatelier, Bläserklassen, Theater-AG, bilingualer Unterricht, „Unternehmer-Führerschein", schneller Glasfaseranschluss der Stadt Marburg (an 65 WLAN Accesspoints), Stone-App
- Vielfältige Sport- und Freizeitangebote, Rudern als Schul- und Leistungssport, Tennis, eigener Reitstall, Klettern, wechselndes AG-Angebot • Erlebnispädagogisch orientierte Wochenendaktivitäten, DGE zertifizierte Internatsküche, eigenes Wasserkraftwerk

steinmuehle.de

Bereit für die Zukunft

Die Steinmühle ist ein Stadtinternat mit angesehener Privatschule. Sie bildet ganzheitlich mit allen Sinnen, stärkt emotionale wie kognitive Kompetenzen und fördert die Beziehung zu sich selbst, zu anderen Menschen und zur Natur.

Die Steinmühle möchte junge Menschen neugierig machen auf die Vielfalt der Welt. Sie möchte ihre Liebe zu Sprachen, Kunst und Kultur wecken, Raum für Sport, Bewegung und Wahrnehmung öffnen, sie für mathematische und naturwissenschaftliche Phänomen begeistern. Sie bietet Kindern und Jugendlichen damit einen Lebens- und Bildungsraum, in dem sie sich zu verantwortungsbewussten Menschen entwickeln, die die Herausforderungen der Zukunft mutig annehmen können.

Lage

In der Mitte von Hessen am Rande der Universitätsstadt Marburg. Gute Verkehrsanbindung: 90 km bis Frankfurt-Flughafen, 95 km bis Kassel

Steinmühle
Schule & Internat

Schulzentrum Marienhöhe

Name und Anschrift:
Schulzentrum Marienhöhe
Auf der Marienhöhe 32
64297 Darmstadt
Tel. 0 61 51/53 91-0
Fax 0 61 51/53 91-168
www.marienhoehe.de
info@marienhoehe.de

Hessen

Name des Trägers:
Schulzentrum Marienhöhe gGmbH

Internatsleitung:
Caroline Naumann

Schulleitung:
Dr. Christian Noack, OStR

Schulstatus:
staatlich anerkannte Privatschule

Schularten:
Gymnasium, Realschule, Grundschule, Kolleg

Schulische Ausrichtung:
Allgemeinbildendes Schulzentrum, Abitur, Mittlere Reife

Konfession: erwartet wird eine respektvolle Einstellung zum christlichen Glauben

Sprachenfolge: 1. Fremdsprache: E
2. Fremdsprache: F, L oder Sp

Internatsplätze: w.: 50, m.: 50

Klassenstärke: 20–24

Externe Schüler: ca. 700

Kosten/Monat:
Schülern/innen Deutschland € 2.247,– ; international € 2.695,–

Nebenkosten/Monat:
Taschengeld, Schulmaterial, Sonderveranstaltungen

Pädagogische Schwerpunkte/Besonderheiten:
Christliches ganzheitliches Menschenbild, wertschätzende pädagogische Haltung zu unseren Schülerinnen und Schülern, positive Lernatmosphäre, qualifizierte pädagogische Fachkräfte, Coaching-Gespräche, Lernbüro (fachlich betreute Lernzeiten) | Zertifikate „Gesundheitsfördernde Schule"(HKM) und Klimaschutzschule (BMU) | Projekte: Energieagentur für Schülerinnen und Schüler, jährliche Entwicklungszusammenarbeit im Ausland | Surf- und Skifreizeiten, Sportklettern, Musikbands, Cambridge English Certificate, Deutsch als Zweitsprache u.v.m.

Tag der offenen Tür: Mitte/Ende November 2021 und kostenlose Open Days mit Übernachtung im Internat Anfang Februar 2022 (siehe Webseite)

Internate in

Mecklenburg-Vorpommern

Mecklenburg-Vorpommern

17489 Greifswald
Ostseegymnasium Greifswald
Pappelallee 1
Tel. 0 38 34/87 24 50

Gymnasium

17033 Neubrandenburg
Neubrandenburger Wohnungsgesellschaft mbH – Das Internat für junge Leute
Badeweg 4
Tel. 03 95/4 50 19 50

Eliteschule des Sports

18057 Rostock
CJD Christophorusschule Rostock
Groß Schwaßer Weg 11
Tel. 03 81/8 07 11 48

Gymnasium, Eliteschule des Sports,
Hochbegabtenförderung ab Kl. 9

19059 Schwerin
Internat des Sportgymnasiums
Von-Flotow-Str. 20
Tel. 03 85/79 51 91

Eliteschule des Sports

17192 Torgelow am See
Internat Schloss Torgelow
Schlossallee 1
Tel. 0 39 91/6 24-0

Gymnasium

■ ausführliche Angaben: Seite 163

Internat Schloss Torgelow

Name und Anschrift:
Internat Schloss Torgelow
privates Internatsgymnasium
Schloss 1, 17192 Torgelow am See
(bei Waren/Müritz)
Tel. 0 39 91/6 24-0, Fax 0 39 91/6 24-211
www.schlosstorgelow.de
sekretariat@schlosstorgelow.de

Name des Trägers:
Familie Lehmann (Trägerfamilie)
Schloss Torgelow Helge Lehmann KG

Internatsleitung: Markus Klein

Schulleitung: Heidrun Franke

Schulstatus:
staatlich anerkanntes Gymnasium

Schularten: Gymnasium (G8)

MINTec Schule

SCHLOSS TORGELOW 1994 DEUTSCHE STANDARDS Aus bester Familie

Schulische Ausrichtung:
alle Züge

Konfession: nicht gebunden

Sprachenfolge:
E-F, E-F-Sp, E-L, E-L-Sp, E-R, R-E

Internatsplätze: w.: 119, m.: 119

Klassenstärke: 12 (höchstens)

Externe Schüler: 30

Kosten/Monat: Kl. 5–7: € 2.998,–,
Kl. 8–10: € 3.143,–, Oberstufe: € 3.284,–

Nebenkosten/Monat: nach Verbrauch

Pädagogische Schwerpunkte/Besonderheiten: Höchstens 12 Schüler in der Klasse – Abitur nach 12 Jahren – leistungsorientierte Begabtenförderung – besondere Eignung für motivierte und interessierte Schüler – 3 ½ Monate Aufenthalt an einem englischen Internat in der 9. Klasse – Testcenter der Cambridge Universität für international anerkannte Sprachzertifikate – bis zu 4 moderne Fremdsprachen – Berufsvorbereitungsangebote in Seminarform – MINT-EC-Schule – Wirtschaftsschwerpunkt mit Teilnahme an business@school – Juniorstudium – Abiturdurchschnitt 2020: 1,8 – Klassen mit interaktiven Ultra HD-Displays

Tag der offenen Tür: Eine individuelle Terminvereinbarung ist jederzeit möglich. Zusätzlich wird in jedem Monat ein Informationstag angeboten. Termine unter www.schlosstorgelow.de

Internate in

Niedersachsen

27624 Bad Bederkesa
Niedersächsisches Internatsgymnasium
Bad Bederkesa
Seminarstr. 8
Tel. 0 47 45/9 28 70

Gymnasium

38667 Bad Harzburg
Burgberg-Gymnasium
Alter Kaiserweg 3
Tel. 0 53 22/9 65 70

Gymnasium, Realschule

■ **ausführliche Angaben: Seite 168**

38667 Bad Harzburg
Niedersächsisches Internatsgymnasium
Bad Harzburg
Amsbergstr. 16
Tel. 0 53 22/96 63 30

Gymnasium

■ **ausführliche Angaben: Seite 169**

37441 Bad Sachsa
Pädagogium Bad Sachsa
Ostertal 1–5
Tel. 0 55 23/3 00 10

Gymnasium, Realschule

■ **ausführliche Angaben: Seite 170**

38102 Braunschweig
CJD Braunschweig
Leonhardplatz 6
Tel. 05 31/7 07 80

International School Braunschweig-Wolfsburg (IS) und Gymnasium Christophorusschule

■ **ausführliche Angaben: Seite 171**

21368 Dahlem-Marienau
Schule Marienau
Neetzetalstraße 1
Tel. 0 58 51/9 41-0

Gymnasium

■ **ausführliche Angaben: Seite 16–17 und Seite 174**

31008 Elze
CJD Jugenddorf
Christophorusschule
Elze Begabten- und Neigungsförderung
Dr. Martin-Freytag-Str. 1
Tel. 0 50 68/46 61 47

Gymnasium

26427 Esens
Niedersächsisches
Internatsgymnasium
Auricher Str. 58
Tel. 0 49 71/91 30

Gymnasium

49584 Fürstenau-Schwagstorf
Mädcheninternat
im St. Marienstift
Kellinghausen 1
Tel. 0 59 01/3 09-320

Hauptschule und Realschule mit Kl. 10 für Mädchen, Ersatzschule (Mitglied im VKIT)

30169 Hannover
Sportinternat am
Olympiastützpunkt
Niedersachsen
Ferdinand-Wilhelm-Fricke-Weg 10
Tel. 05 11/1 26 83 50

Leistungssportinternat für ausgewählte Sportarten

29693 Hodenhagen
Gutshof Hudemühlen gGmbH
Gutsweg 1
Tel. 0 51 64/97 11 71

Förderschule Schwerpunkt
geistige Entwicklung

37603 Holzminden
Internat Solling
Einbecker Straße 1
Tel. 0 55 31/1 28 70

Gymnasium

■ **ausführliche Angaben: Seite 175**

26474 Spiekeroog
Hermann Lietz-Schule
Spiekeroog
Hellerpad 2
Tel. 0 49 76/9 10 00

Gymnasium

■ **ausführliche Angaben:**
Seite 14–15 und Seite 172–173

49832 Thuine
Jungeninternat Thuine
Mühlenstr. 1
Tel. 0 59 02/5 01-313

Grund- und Hauptschule,
Realschulabschluss möglich
(Mitglied im VKIT)

Burgberg-Gymnasium

Name und Anschrift:
Burgberg-Gymnasium und -Realschule
Alter Kaiserweg 3, 38667 Bad Harzburg
Tel. 0 53 22/96 57 0
Fax 0 53 22/96 57 30
www.burgberg-gymnasium.de
organisation@burgberg-gymnasium.de

Name des Trägers:
Schulverein Burgberg-Gymnasium e.V.

Internatsleitung:
Holger Heinrich

Schulleitung/Ansprechpartner:
Maika Maaß

Schulstatus:
staatlich anerkannte Ersatzschule

Schularten:
Gymnasium, Realschule

Konfession:
nicht gebunden

Sprachenfolge:
E ab Kl. 5; L/F ab Kl. 6

Internatsplätze:
45

Klassenstärke:
15–20

Externe Schüler:
ca. 200

Kosten/Monat:

Kl. 5–6:	€ 1.522,–
Kl. 7–9:	€ 1.542,–
Kl. 10–12:	€ 1.582,–

Nebenkosten/Monat:
keine

Pädagogische Schwerpunkte/Besonderheiten:
Beschulung von Klasse 5–12, Ganztagsschule, Legasthenikerbetreuung, individuelle Fördermaßnahmen, Hausaufgabenbetreuung in Schule und Internat, vielfältige Arbeitsgemeinschaften, Computerraum und Internetzugang in Schule und Internat, Lage des Internats unmittelbar am Nationalpark Harz. Soziales Profil im Realschul-Zweig.

Tag der offenen Tür:
jeweils im Frühjahr.

Niedersächsisches Internatsgymnasium Bad Harzburg

Name und Anschrift:
Niedersächsisches Internatsgymnasium
Bad Harzburg
Amsbergstraße 16
38667 Bad Harzburg
Tel. 0 53 22/96 63 30
Fax 0 53 22/96 63 44
www.nig-online.de
info@nig-online.de
nig_bad_harzburg

Name des Trägers:
Niedersächsisches Kultusministerium

Internatsleitung:
Christine Wurzbacher, OStR'

Schulleitung:
Markus Weber, StD

Schulstatus:
staatlich

Schularten:
Gymnasium G9

Konfession:
nicht gebunden

Sprachenfolge:
E ab Kl. 5; F ab Kl. 6; Sp (neu) ab 11

Internatsplätze: 50

Klassenstärke:
Ø 25

Externe Schüler:
ca. 200

Kosten/Monat:
mit Hauptwohnsitz in Niedersachsen: € 545
mit Hauptwohnsitz außerhalb Niedersachsens: € 635

Pädagogische Schwerpunkte/Besonderheiten:
Beschulung von Klasse 5 bis zum Abitur nach Klasse 13, einzügig in Klassen 5 - 10, in der Qualifikationsphase der Oberstufe sprachlicher, gesellschaftswissenschaftlicher und mathematisch-naturwissenschaftlicher Schwerpunkt, offene Ganztagsschule, Hausaufgabenbetreuung in Schule und Internat, vielfältige Arbeitsgemeinschaften, gute technische Ausstattung aller Unterrichtsräume und Internetzugang in Schule und Internat, Lage der Schule und des Internats unmittelbar am Nationalpark Harz, Partnerschule des Nationalparks Harz.

Tag der offenen Tür:
jeweils im Frühjahr (rechtzeitige Bekanntgabe auf der Homepage)

Pädagogium Bad Sachsa

Name und Anschrift:
Internatsgymnasium
Pädagogium Bad Sachsa
Ostertal 1–5
37441 Bad Sachsa
Tel. 0 55 23/30 01-0
Fax 0 55 23/30 01-44
www.internats-gymnasium.de
kontakt@internats-gymnasium.de
f paeda

Name des Trägers:
Waldheimschule Pädagogium Bad Sachsa
Kulenkampffstiftung e.V.

Internatsleitung:
Torsten Schwark, StD i. Pr.

Schulleitung:
Sido Kruse, OStD i. Pr.

Schulstatus:
staatlich anerkannte Privatschule, älteste Schule in Nord- und Mitteldeutschland in freier Trägerschaft (gegr. 1890)

VDP

Schularten: Gymnasium (Abitur mit eigener Prüfungskommission), Realschule (Besuch der öffentlichen Schule)

Schulische Ausrichtung:
neusprachlich, mathematisch/naturwissenschaftlich, gesellschaftswissenschaftlich

Konfession: nicht gebunden

Sprachenfolge: E-F oder E-L oder ab Kl. 11 F oder L

Internatsplätze: w.: 20, m.: 30

Klassenstärke: ca. 16–26

Externe Schüler: 320

Kosten/Monat: (Geschwisterermäßigung) Kl. 5–10: € 1.800,–, Kl. 11–13: € 1.900,–

Nebenkosten/Monat: ca. € 75,–

Pädagogische Schwerpunkte/Besonderheiten: Abitur im Hause (eigene Prüfungskommission), Prüfungszentrum für Sprachzertifikate (Cambridge, DELF), Vorbereitung auf Bio-Olympiade, intensive Förderung und Hausaufgabenbetreuung, Bläser- und Streicherklasse, Bigband, Musical, Konzentrations- und Entspannungstraining, Lernmethodik, vielfältige Arbeitsgemeinschaften, Informatikkurse, Rhetorik- und Bewerbungstraining, Berufsfindung (pers. Beratung und Seminare vor Ort, Besuch von Bildungsmessen), Computerführerschein (ECDL) im Haus, Gewaltprävention, Mensa, Cafeteria.

Tag der offenen Tür: siehe Homepage.

CJD Braunschweig

Name und Anschrift:
CJD Braunschweig
Internat | Wohnbereich
St. Leonhard 6
38102 Braunschweig
www.internat-braunschweig.de
Anfragemanagement:
Andrea Casel
casel@cjd-braunschweig.de
Tel. 05 31/70 78-281

Name des Trägers: CJD Braunschweig

Internatsleitung: Pascal Üstün

Schulstatus: staatlich anerkannt, certified Cambridge school and IB World School (International School Braunschweig - Wolfsburg)

Angegliederte Schulen:
International School Braunschweig – Wolfsburg, CJD Gymnasium, CJD Oberschule (Christophorusschulen)

Konfession: überkonfessionell

Internatsplätze:
International School + Gymnasium: 126

Klassenstärke:
20– max. 24 (je nach Schule und Jahrgang)

Externe Schüler: ca. 1.000

Kosten/Monat:
derzeit ab € 1.450,– (zzgl. Schulgeld)

Pädagogische Schwerpunkte/Besonderheiten:
Home away from Home. Mit unseren CJD Schulen bieten wir Unterricht und Schulabschlüsse auf höchstem nationalen und internationalen Standard. Wohnen und Leben gestaltet sich für unsere SchülerInnen in modernsten Räumen des in 2019 erbauten Internatsgebäudes. Das Internat liegt in zentraler Lage zwischen den CJD Schulen, die alle fußläufig in wenigen Minuten erreichbar sind, ebenso wie das Stadtzentrum und der Hauptbahnhof. Die SchülerInnen, die sich für unser Internat entscheiden, leben in familiärer Atmosphäre, wahlweise in Einzel- oder Doppelzimmern. Alle Wohngruppen verfügen über voll ausgestattete, moderne Küchen, in denen gemeinsam gekocht und gegessen wird. Der Tagesablauf unserer SchülerInnen ist gut strukturiert, mit zugeteilten Zeiten für das Lernen, die Freizeitgestaltung und erlebnispädagogische Angebote. Auch Musikräume und Sport-Einrichtungen stehen zur Verfügung, regelmäßige Gruppenaktivitäten und Exkursionen werden angeboten – für eine bestmögliche schulische und außerschulische Entwicklung.

Interessiert? Fordern Sie gern weiteres Informationsmaterial an unter info@cjd-braunschweig.de oder besuchen Sie uns im Internet www.internat-braunschweig.de

www.lietz-spiekeroog.de

Hermann Lietz-Schule Spiekeroog

Siehe auch Seite 14–15

die internate VEREINIGUNG e.V.

Name und Anschrift:
Hermann Lietz-Schule Spiekeroog
Hellerpad 2, 26474 Spiekeroog
Tel. 0 49 76/91 00-0
Fax 0 49 76/91 00-91
www.lietz-spiekeroog.de
info@lietz-spiekeroog.de

Name des Trägers:
Hermann Lietz-Schule Spiekeroog gGmbH

Internatsleitung:
Fabian Johannsmeier, Dipl.-Päd.

Schulleitung:
Florian Fock OStD

Schulstatus:
staatlich anerkanntes Gymnasium

Schularten:
Gymnasium ab Klasse 5,
Klasse 5-7 Orientierungsstufe

Schulische Ausrichtung:
sprachlich, sportlich, naturwissenschaftlich, gesellschaftswissenschaftlich, künstlerisch

Konfession: nicht gebunden

Sprachenfolge: E ab 5. Klasse;
F, Sp oder L ab 6. Klasse; Sp ab 11. Klasse

Internatsplätze: gesamt 98
externe Schüler ca. 20

Klassenstärke: Ø 12–18

Tabletklassen: Moderne Ausstattung & digitale Kompetenzvermittlung

Kosten/Monat: Kl. 5-10: € 3.020
Kl. 11-13: € 3.120
Nebenkosten/Monat: ca. € 150

Pädagogische Schwerpunkte/Besonderheiten:

- Reformpädagogik nach Lietz. Kleine Schule, ca. 100 Schüler. Große Gemeinschaft. Lernen in kleinen Gruppen mit ca.12-18 Schülern (Lehrer-Schüler-Relation 1:5). Intensive Förderung & Betreuung.
- Gilden & AGs: Handwerkliche, kreative Fähigkeiten erwerben im Deichbau, Bootsbau, Tierhaltung, Beathaus u.a.
- Leben in familiären Gruppen: Freunde finden, Familie leben, Geborgenheit erfahren. Miteinander in Familiengruppen zu je 5-7 Schülern plus ein/e LehrerIn mit Partner und deren eigenen Kindern.
- Großes Sportangebot: Segeln, Surfen, Tennis, Beachvolleyball, Reiten, Handball, Unihoc, Schwimmen etc.
- Leben im UNESCO Weltnaturerbe Wattenmeer: Umweltbildungsarbeit im schuleigenen „Nationalpark-Haus Wittbülten" mit Forschungszentrum. In Kooperation mit Uni Oldenburg (Inst. f. Chemie & Biologie d. Meeres).
- Aussergewöhnliche Projekte: High Seas High School - Das segelnde Klassenzimmer / Sommer-Insel-Uni

Tag der offenen Tür: mehrfach im Jahr auch virtuell **Probewohnen:** jederzeit möglich

Das segelnde Klassenzimmer

Ein Projekt der Hermann Lietz-Schule Spiekeroog

Name und Anschrift:
High Seas School – Das segelnde Klassenzimmer gGmbH am Internat Hermann Lietz-Schule Spiekeroog
Hellerpad 2, 26474 Spiekeroog
www.high-seas-high-school.de
bewerbung@high-seas-high-school.de

Name des Trägers:
Hermann Lietz-Schule Spiekeroog
High Seas High School gGmbH

Geschäftsführer: Jan-Gerd Reiners

High Seas High School – jährlich:

- Jeden Herbst stechen bis zu 30 Schüler*innen für sieben Monate mit einem traditionellen Großsegler in See. Über den Atlantik, in die Karibik, nach Panama, Costa Rica und Kuba und wieder zurück nach Norddeutschland
- Gemeinsam den Atlantik überqueren, ferne Länder entdecken und Menschen am anderen Ende der Welt kennenlernen
- Fertigkeiten der Seemannschaft erlernen – Navigation, Segelführung, Wetterkunde.
- In Mittelamerika: in Gastfamilien leben, auf einer Finca arbeiten, tauchen lernen, Exkrusionen im Regenwald

Voraussetzung zur Bewerbung:
High Seas High School bietet Schüler*innen der 10. bzw. 11. Klasse auf dem Weg zum Abitur ganz besondere Herausforderungen und Lernerfahrungen, Segelerfahrungen sind nicht erforderlich, soziale Kompetenz, Belastbarkeit und gute schulische Leistungen schon.

Termin High Seas High School:
jedes Jahr, ca. 7 Monate von Oktober – Mai

Unterricht an Bord:
Die von Lehrer*innen an Bord unterrichteten Inhalte orientieren sich am Lehrplan für Gymnasien des Landes Niedersachsen, dabei werden die Besonderheiten anderer Bundesländer berücksichtigt. Die Teilnahme an der High Seas High School ist schulrechtlich anerkannt und die Schüler*innen erhalten ein Zeugnis der Hermann Lietz-Schule Spiekeroog.

Bewerbungsfrist:
jedes Jahr bis Ende März

Kosten: € 24.800,– für ca. 7 Monate, zzgl. Taschengeld

Kontakt und weitere Informationen:
kontakt@high-seas-high-school.de
www.high-seas-high-school.de

Ausserdem – Summer HSHS: In den Sommerferien drei Wochen Ostsee-Segeltörn mit Englischunterricht für SchülerInnen der 7./8. Klasse auf einer 2-Mast-Gaffelketsch.

Schule Marienau

Siehe auch Seite 16–17

die internate VEREINIGUNG e.V.

MARIENAU SCHULE ZUR WELT

Name und Anschrift:
Schule Marienau
Neetzetalstraße 1, 21368 Dahlem-Marienau
Tel. 0 58 51/9 41-0
Fax 0 58 51/9 41-30
www.marienau.de, sekretariat@marienau.de
marienau internat_marienau

Name des Trägers: Schule Marienau e.V.

Leiterin: Heike Elz

Internatsleiter: Tobias Karrasch

Kaufmännischer Leiter: Maik Lüdemann

Schulstatus: staatlich anerkannt

Schularten: Gymnasium

Schulische Ausrichtung: Sprachliches, gesellschaftswissenschaftliches, naturwissenschaftliches und künstlerisches Profil, Sport als Prüfungsfach möglich

Konfession:
überkonfessionell

Sprachenfolge:
Kl. 5 E; Kl. 6 F, Sp oder L;
Sp als 3. FS ab Kl. 11

Internatsplätze: 145

Ganztagsschüler: 50

Tagesschüler: 50

Kosten/Monat:
Kl. 5–10: € 3.125,–
bei Eintritt in Kl. 11: € 3.210,–

Nebenkosten/Monat:
ca. € 150,– (Taschengeld, Fahrgeld etc.)

Pädagogische Schwerpunkte/Besonderheiten: UNESCO-Projektschule, DIV-Mitglied; Austausch mit Partnerschulen im Ausland, „High Seas High School", mehrfach aus gezeichnete Umweltschule, kleine Klassen, individuelle Förderung, schulische Wettbewerbe, Schach-Unterricht in der Unterstufe, LRS-Förderung, Förderkurse in den Hauptfächern von Klasse 5-10. Team zur Betreuung internationaler Schüler, DaF-Unterricht, Berufsorientierung, Abiturvorbereitungskurse. HSV-Fußballcamp. Zahlreiche AGs: Reiten, Tennis, Golf, Klettern, Bogenschießen, Hockey, Karate, Trampolin, Turnen, Theater, Kunst, Tischlerwerkstatt, Kochen; Chor, Band, Debattierclub, Astronomie-AG etc.

Tag der offenen Tür: 08. Mai 2021; Infoveranstaltung für neue 5. Klasse: 06. Februar 2020; Lern-Erlebnis-Kurs/Summer Camp: 25.07. - 07.08.2021

Internat Solling

die internate VEREINIGUNG e.V.

Name und Anschrift:
Internat Solling
Einbecker Straße 1, 37603 Holzminden
Tel. 0 55 31/12 87-0, Fax 0 55 31/12 87-88
www.internatsolling.de, info@internatsolling.de

Name des Trägers: Gemeinnützige Stiftung Landschulheim am Solling

Internats- und Schulleitung:
Helga Volger

Schulstatus: staatlich anerkanntes Gymnasium in freier Trägerschaft

Schularten: Gymnasium

Schulische Ausrichtung:
alle fünf Oberstufenprofile (sprachlich, naturwissenschaftlich, gesellschaftswissenschaftlich, musisch-künstlerisch, sportlich), MINT-EC Schule, UNESCO-Projektschule, sportfreundliche Schule

Konfession:
nicht gebunden

Sprachenfolge:
Kl. 5 Englisch, Kl. 6 F/L/Sp, ab Einführungsphase Oberstufe Sp

Internatsplätze: 210

Klassenstärke: 10–20

Externe Schüler: 50

Kosten/Monat: € 3.080,–

Nebenkosten/Monat:
Taschengeld, Exkursionen usw.

Pädagogische Schwerpunkte/Besonderheiten: Stärkung und Förderung von Jugendlichen im Sinne ganzheitlicher Bildung, die Leben und Lernen, akademische Bildung und Charakterbildung als Einheit versteht. Über 20 Leistungsstipendien für besonders begabte Jugendliche. MINT-ec- & UNESCO-Schule, in der nicht nur die Lehre, sondern forschendes, eigenverantwortliches Lernen gefragt ist. In einem internationalen und zugleich familiären, weltoffenen Miteinander werden positive Schulerfahrungen gemacht, Talente entdeckt und Freundschaften für's Leben geknüpft. Klare Strukturen und Rituale geben Halt und verlässliche Orientierung. Der übliche Fächerkanon wird durch Kompetenzkurse von „Lernen lernen" bis zu „Rhetorik" und durch Neigungsfächer wie Theater, Menschenrechte, Design u.v.m ergänzt. Zahlreiche AGs und ein vielfältiges Sport- und Freizeitprogramm (z.B. eigene FN-zertifizierte Reitanlage, Tennisplätze, Fitnessraum, Beachvolleyballplatz) bilden ein wichtiges Gegengewicht zur intellektuellen Beschäftigung. Wir wollen unsere Schüler zu geistiger Neugier und Leistung anregen, damit sie sich zu starken und mündigen Persönlichkeiten entwickeln.

Tag der offenen Tür: 02.05.2021

Nordrhein-
Westfalen

Internate in

Nordrhein-
Westfalen

52066 Aachen-Siegel
Internat des Berufskollegs für Wirtschaft und Verwaltung, Sonderschule für Körperbehinderte
Kalverbenden 91
Tel. 02 41/60 04-0

Berufsfachschule mit Internat

57439 Attendorn
Erzbischöfliches Internat für Jungen Collegium Bernardinum
Nordwall 26
Tel. 0 27 22/63 48 86-0

Haupt- und Realschule, Gymnasium, Sekundarschule
(Mitglied im VKIT)

53604 Bad Honnef
Schloss Hagerhof
Menzenberg 13
Tel. 0 22 24/9 32 50

Gymnasium,
Realschule,
Ganztagesschule

57334 Bad Laasphe
Schloß Wittgenstein
Schloß Wittgenstein
Tel. 0 27 52/4 74 30

Realschule, Gymnasium

■ ausführliche Angaben: Seite 182–183

53902 Bad Münstereifel
Apostolische Schule der Legionäre Christi e.V.
Linnerijstraße 25
Tel. 0 22 53/54 69 20

Gymnasium
(Mitglied im VKIT)

59909 Bestwig
Julie-Postel-Haus
Bergkloster
Tel. 0 29 04/8 08-201 oder -174

Berufsfachschule mit Internat

44866 Bochum
Sportinternat "Klaus-Steilmann-Haus" am Olypiastützpunkt NRW/ Westfalen/ Bochum
Hollandstraße 95
Tel. 0 23 27/9 48 20

Versch. Schwerpunktsportarten einschließlich Behindertensportabteilung für Leichtathletik

53177 Bonn
Internationales Internat Bonn
Elisabethstraße 25
Tel. 02 28/82 00 32 01

Gymnasium
(Mitglied im VKIT)

■ ausführliche Angaben: Seite 184

53177 Bonn
Collegium Josephinum Bonn – PM
Kölnstraße 413
Tel. 02 28/5 55 85-305

Realschule, Gymnasium,
Jungenschule,
katholische Privatschule
(Mitglied im VKIT)

53227 Bonn
Privates Ernst-Kalkuhl-Gymnasium Internatsschule für Jungen und Mädchen
Königswinterer Str. 534
Tel. 02 28/97 09 00

Gymnasium

■ ausführliche Angaben: Seite 185

33178 Borchen
Landschulheim
Schloss Hamborn
Schloss Hamborn 5
Tel. 0 52 51/38 91 04

Waldorfschule mit Abiturklasse, Waldorfförderschule für emotionale und soziale Entwicklung und für Lernen mit Kompetenzförderung ab Kl. 9, Berufskolleg

33142 Büren-Wewelsburg
Internat Gut Böddeken
Tel. 0 29 55/66 25

Private Grundschule in Ganztagsform, öffentliche weiterführende Schulen

■ **ausführliche Angaben: Seite 186**

41539 Dormagen
Teilinternat Dormagen
Am Höhenberg 40
Tel. 0 21 33/51 46 20

Leistungssportinternat für ausgewählte Sportarten

44225 Dortmund
WIHOGA – Wirtschaftsschulen und Berufsfachschule für Hotellerie und Gastronomie
Am Rombergpark 38–40
Tel. 02 31/7 92 20 70

Wirtschafts- und Berufsfachschule

48249 Dülmen-Buldern
Internat Schloss Buldern
Dorfbauerschaft 22
Tel. 0 25 90/9 90

Gymnasium und Aufbaugymnasium

■ **ausführliche Angaben: Seite 187**

40699 Erkrath-Hochdahl
Bergisches Internat
Gut Falkenberg 5–7
Tel. 0 21 04/94 08 80

Gesamtschule mit Haupt- und Realschule, Gymnasium

32339 Espelkamp
Bischof-Hermann-Kunst-Schulen
Privatschul-Internat
Präses-Ernst-Wilm-Str. 2
Tel. 0 57 72/56 41 15

Hauptschule, Förderschule Lernen, Gymnasium

45130 Essen
Sportinternat Essen
Von-Einem-Str. 77, Tel. 02 01/8 77 72 08

Gymnasium, Eliteschule des Sports

53879 Euskirchen
Villa Schillerstein
Boenerstr. 3, Tel. 0 22 51/89 89-0

ab Grundschule, Kleinstinternat

47574 Goch
Collegium Augustinianum Gaesdonck
Gaesdoncker Straße 220
Tel. 0 28 23/9 61-0

Gymnasium (Mitglied im VKIT)

■ **ausführliche Angaben: Seite 188**

59073 Hamm
Schloss Heessen
Tel. 0 23 81/68 50

Gymnasium

■ **ausführliche Angaben: Seite 26 und Seite 189**

40721 Hilden
Internat im ev. Schulzentrum Hilden
Gerresheimer Straße 74
Tel. 0 21 03/3 63-500

Realschule, Gymnasium

52393 Hürtgenwald
Franziskus-Internat Vossenack
Franziskusweg 1, Tel. 0 24 29/3 08-41

Hauptschule, Realschule, Gymnasium

58636 Iserlohn
Privatgymnasium Iserlohn
Reiterweg 26–32, Tel. 0 23 71/90 43-0

Aufbaugymnasium

■ ausführliche Angaben: Seite 190

41363 Jüchen
Studienheim der Oblaten
Nikolauskloster
Tel. 0 21 82/40 55

Schülerheim für katholische
Priesteramtskandidaten

32689 Kalletal-Varenholz
Internat Schloss Varenholz
Schloss Varenholz
Tel. 0 57 55/96 20

Private Sekundarschule in Ganztagsform

■ ausführliche Angaben: Seite 191

50859 Köln
Internationale Friedensschule Köln/
Cologne International School –
IFK Boarding House
Am Aspelkreuz 30
Tel. 02 21/31 06 34-0

Gymnasium, International School

53639 Königswinter
CJD Königswinter
Cleethorpeser Platz 12
Tel. 0 22 23/92 20

Realschule,
Gymnasium mit integrierter
Hochbegabtenförderung,
Business-Akademie

49504 Lotte
KRÜGER Internat
und Schulen
Westerkappelner Straße 66
Tel. 05404 9627-0

Haupt- und Realschule,
Berufskolleg,
Berufsfachschulen,
Berufliches Gymnasium für
Wirtschaft und Verwaltung

■ ausführliche Angaben:
Seite 29 und Seite 192

51597 Morsbach-Alzen
Internat Alzen
Stockshöher Weg 1
Tel. 0 22 94/71 19

Realschule, Gymnasium

■ ausführliche Angaben:
Seite 196–197

48346 Ostbevern
Die Loburg Collegium Johanneum
Schloss Loburg, Loburg 15
Tel. 0 25 32/8 71 59

Gymnasium und Sprachinstitut
auf dem Campus;
Aufnahme in die örtliche
Sekundarschule möglich.
(Mitglied im VKIT)

■ ausführliche Angaben:
Seite 193

33098 Paderborn
Jugendhaus Salesianum
Busdorfwall 28
Tel. 0 52 51/18 77-18

Schülerheim (Mitglied im VKIT)

48734 Reken
Haus Don Bosco – Kinder- und Jugendheim
Meisenweg 15
Tel. 0 28 64/8 89-0

Schülerheim

52159 Roetgen
Privatschule Conventz
Greppstraße 48a
Tel. 0 24 71/92 00 10

Gymnasium, Realschule

■ **ausführliche Angaben: Seite 194**

57392 Schmallenberg
Internat Fredeburg gGmbH
Kapellenstr. 5–8, Tel. 0 29 74/9 62 10

Arbeit mit AD(H)S-Kindern

42555 Velbert-Langenberg
Villa Wewersbusch
Wewersbusch 15
Tel. 0 20 52/92 66 29-10

Gymnasium, Realschule

■ **ausführliche Angaben: Seite 22–23 und Seite 198–199**

33775 Versmold
CJD Versmold
Ravensberger Str. 33
Tel. 0 54 23/2 09-100

Gymnasium, Sekundarschule, Hauptschule ab 7. Kl.

47877 Willich
Carpe Diem Privatschule
Hausbroicher Str. 222
Tel. 0 21 56/95 353 01

Realschule mit integriertem Gymnasialzweig

■ **ausführliche Angaben: Seite 195 und Seite 203**

www.wittgenstein.de

Schloß Wittgenstein

VDP

Name und Anschrift:
Schloß Wittgenstein GmbH & Co.KG
Schloss Wittgenstein 6, 57334 Bad Laasphe
Tel. 0 27 52/4 74 30
Fax 0 27 52/47 43 30
www.wittgenstein.de, info@wittgenstein.de
f internatschlosswittgenstein

Name des Trägers:
Internat:Schloß Wittgenstein GmbH & Co. KG
Schulen: Schulen Schloß Wittgenstein gGmbH

Internatsleitung:
pädagogische Leitung Dennis Niepel

Schulleitung: Leitung Gymnasium: Christian Tang, Leitung Realschule: Melanie Dietrich

Schulstatus:
staatlich anerkanntes privates Gymnasium, staatlich anerkannte private Realschule, angeschlossenes Internat

Schularten: Gymnasium, Realschule

Schulische Ausrichtung:
Mittl. Bildungsweg, Differenzierung in den Kl. 9 und 10 in naturw., sozialwiss., techn. und fremdsprachl. Zweig

Konfession: nicht gebunden

Sprachenfolge:
E ab Kl. 5, F oder L ab Kl. 6, bilingualer Unterricht Kl. 7

Internatsplätze: w.: 40, m.: 40

Klassenstärke: kleine Klassen

Kosten/Monat: € 2.100,–

Nebenkosten/Monat:
Freizeitaktivitäten, Taschengeld, Schulmaterial etc. ca. 75-100 € p.M.

Pädagogische Schwerpunkte/Besonderheiten:
Die individuelle Förderung unserer Schüler ist uns wichtig. Während der Silentien wird die Hausaufgabenbetreuung von Lehrern begleitet. In Lerngruppen und Förderkursen sowie der Nachhilfe nehmen sich unsere Erzieher, Betreuer und Lehrer Zeit für ihre Schüler. Vielfältige Freizeitangebote in zahlreichen Arbeitsgemeinschaften machen das Leben in unserem Internat abwechslungsreich. Die persönliche Karriereberatung durch unsere Pädagogen wird an unserer Realschule und dem Gymnasium durch die eigenen Berufsorientierungsbüros (BOB) unterstützt.

Internationales Internat Bonn

Name und Anschrift:
Internationales Internat Bonn
Elisabethstr. 25
53177 Bonn
Tel. 0228/82003-203
Fax 0228/82003-202
www.internat-bonn.de
info@internat-bonn.de

Name des Trägers:
GRB Gemeinnütziges Rheinisches Bildungszentrum GmbH

Internatsleitung: Torsten Liebscher

Schularten:
Gymnasien der Stadt Bonn, Wahlmöglichkeit (privat/öffentlich) nach individueller Schwerpunktsetzung

INTERNATIONALES INTERNAT BONN

Konfession:
nicht gebunden

Internatsplätze:
ab Kl. 9, je nach Belegung bis zu m.: 20, w.: 20

Kosten/Monat:
€ 2.300 pro Monat, Stipendien sind möglich

Nebenkosten/Monat:
Kosten für gemeinsame Ausflüge/Aktivitäten, Sprach- und Vertiefungsunterricht

Pädagogische Schwerpunkte/Besonderheiten/Freizeitangebote des Internates:
Wir begleiten Schülerinnen und Schüler ab Klasse 9 individuell auf ihrem Weg zum Abitur - unabhängig von Herkunft und Religion. Neben deutschen Schülern setzt sich unsere Schülerschaft aus Jugendlichen verschiedener Nationalitäten zusammen. Dem Ausbau interkultureller Kompetenz kommt daher im Internatsalltag eine besondere Bedeutung zu. Im Mittelpunkt steht die intensive schulische Förderung des Einzelnen. Dazu gehören bspw. die qualifizierte Vertiefung von Sprachkenntnissen oder die Förderung von Begabungen. Die Herausbildung weltoffener und reifer Persönlichkeiten erfolgt ebenfalls auf sozialer, (inter-)kultureller sowie freizeitpädagogischer Ebene.

Tag der offenen Tür: Individuelle Beratungstermine sowie Probewohnen sind ganzjährig möglich. Termine und erste Einblicke sind auf der Website zu finden.

Privates Ernst-Kalkuhl-Gymnasium

Internatsschule für Jungen und Mädchen • gegründet 1880

Name und Anschrift:
Privates Ernst-Kalkuhl-Gymnasium
Königswinterer Straße 534, 53227 Bonn
Tel. 0228/970 90-0
www.ernst-kalkuhl-internat.de
info@kalkuhl.de
ernstkalkuhlgymnasium

Name des Trägers: Internat Ernst-Kalkuhl-Gymnasium gemeinnützige GmbH

Internatsleitung: Nikolas Heel

Schulleitung: OStD Dr. Ulrich Drescher

Schulstatus: staatlich anerkannte Privatschule

Schularten: Gymnasium

Konfession: nicht gebunden

VDP

Sprachenfolge:
nach G9: E ab Kl. 5; Latein, F ab Kl. 7, Sp und F im Wahlbereich ab Kl. 9; Sp neueinsetzend ab Jahrgangsstufe 11

Internatsplätze: w.: 45, m.: 55

Klassenstärke: 15–23

Externe Schüler: ca. 550

Kosten/Monat: € 1.950,– ; bei regelmäßigen Wochenendaufenthalten: € 2.150,–

Nebenkosten/Monat: ca. € 50,–

Pädagogische Schwerpunkte/Besonderheiten: Der pädagogische Schwerpunkt im gemeinnützigen Internat liegt in der akademischen Förderung, die beste strukturelle Rahmenbedingungen für einen erfolgreichen Schulabschluss bietet. So werden neben dem Silentium täglich verschiedene Fachsilentien (Förderkurse der Lehrer des Gymnasiums) angeboten. Unsere Internatspädagogen und Mentoren verfügen alle über eine Gymnasiallehrerausbildung oder ein abgeschlossenes Studium. Sie sind nicht nur Ansprechpartner für schulische Themen, sondern begleiten die Internatsschülerinnen und Internatsschüler auch in ihrem Alltag, insbesondere auch bei psychosozialen Fragestellungen. Neben der städtischen Lage und guten Anbindung nach Bonn (10 Minuten in die Innenstadt) sowie nach Köln (45 Minuten zum HBF) bietet das Internat viele Freizeitangebote im musischen, sportlichen und kulturellen Bereich. Weitere Eindrücke zu Schule und Internat finden Sie bei Instagram.

Tag der offenen Tür: Oktober

Internat Gut Böddeken

Name und Anschrift:
Gut Böddeken – Jugendhilfeeinrichtung mit Internat und Privater Grundschule
Gut Böddeken, 33142 Büren-Wewelsburg,
Tel. 0 29 55/66 25
Fax 0 29 55/60 25
www.gut-boeddeken.de
info@gut-boeddeken.de

Name des Trägers:
Wohngrundschule: OWL Gemeinnützige Privatschulgesellschaft mbH
Internat: Fachinstitute Blauschek

Internatsleitung:
Dipl. Sozialpädagoge Eduard Kloppenburg

Schulleitung: Anne Böttcher

Schulstatus:
staatlich genehmigte Ersatzschule

Schularten:
Private Grundschule in Ganztagsform, öffentliche weiterführende Schulen

Schulische Ausrichtung:
Die Kinder lernen in der Wohngrundschule in kleinen, jahrgangsübergreifenden Klassen, betreut von Lehrern und Pädagogen, die sich durch persönliches Engagement, berufliche Professionalität und individuelle Zuwendung auszeichnen. Hier fühlen sich die Kinder wohl und können sich entfalten, denn jedes Kind wird gezielt, individuell und entsprechend seiner Fähigkeiten gefördert. In der Schule des gemeinsamen Lernens sind auch Schüler mit sonderpädagogischem Förderbedarf jederzeit willkommen.

Konfession: nicht gebunden

Sprachenfolge: E ab Kl. 1

Internatsplätze: w.: 10, m.: 15

Klassenstärke: 8–15

Externe Schüler: ca. 30 %

Kosten/Monat:
Preis auf Anfrage. Eine Übernahme der Internatskosten durch öffentliche Kostenträger ist bei Erfüllung der Voraussetzungen möglich.

Nebenkosten/Monat: keine

Pädagogische Schwerpunkte/Besonderheiten: Vom Grundschulalter an finden Kinder und Jugendliche auf Gut Böddeken durch das persönliche Engagement der pädagogischen Fachkräfte und durch einen sehr hohen Betreuungsschlüssel aussichtsreiche Perspektiven für ihre Schullaufbahn und für ihre Entwicklung vor. Verbunden mit unserer langjährigen Erfahrung profitieren hiervon besonders Schülerinnen und Schüler, die aufgrund von ADHS, Autismus, FAS, Teilleistungsstörungen wie LRS und Dyskalkulie, Verhaltensauffälligkeiten oder Belastungen im Familiensystem einer zusätzlichen Unterstützung bedürfen.

Internat Schloss Buldern

Name und Anschrift:
Internat Schloss Buldern
Dorfbauerschaft 22, 48249 Dülmen
Tel. 0 25 90/99-0
Fax 0 25 90/99-14
www.schloss-buldern.com
internat@schloss-buldern.com

Name des Trägers: Landschulheim Schloss Buldern GmbH & Co. KG

Internatsleitung:
Herr OStD Stefan Schrade

Schulleitung:
Herr OStD Stefan Schrade

Schulstatus: staatlich anerkannt

Schularten:
Gymnasium (G8/G9)
und Aufbaugymnasium (G9)

Konfession:
nicht gebunden

Internat Schloss Buldern

VDP

Sprachenfolge:
Gymnasium: Kl. 5: E, Kl. 6/7: F oder L, Kl. 11/EF: L/F/Sp/Gr
Aufbaugymnasium (beginnt mit Kl. 7): ab Kl. 7: E und gleichzeitig L oder F

Internatsplätze: w.: 60, m.: 120

Klassenstärke: Ø 15–20

Externe Schüler: ca. 200

Kosten/Monat:
Kl. 5–9: € 2.195,–
Kl. 10–13: € 2.295,–
Tagesschüler € 710,–, Teilstipendien möglich, Aufnahme jederzeit möglich

Nebenkosten/Monat:
€ 60,– für Veranstaltungen und dergleichen

Pädagogische Schwerpunkte/Besonderheiten:
Zwei Schwerpunkte sind die Basis des Erfolgs unserer Schüler: Schulische Ausbildung und Entfaltung der individuellen Persönlichkeit. Das Zusammenspiel dieser beiden Aspekte bietet die optimale Ausgangsposition für die Lebensperspektive Ihres Kindes. Der Erfolg zahlreicher Schüler beweist dies. Weitere Besonderheiten: Breites Kursangebot in der Oberstufe, ausgewogene Betreuung neben der Schule durch qualifizierte Silentien, Berufsberatung, individuelle LRS-Förderung, Musik, Kunst, Theater, Kochen, Themenabende, Dinnertime, breites Sportangebot, eigener Fitnessraum, Reiten, Skifreizeiten, Boxen, Tischtennis, Schwimmen.

Tag der offenen Tür: 27. Juni 2021

Collegium Augustinianum Gaesdonck

Name und Anschrift:
Collegium Augustinianum Gaesdonck
Gaesdoncker Straße 220, 47574 Goch
Tel. 0 28 23/9 61-0, Fax 0 28 23/9 61-130
www.gaesdonck.de, poststelle@gaesdonck.de
f gaesdonck

Name des Trägers:
Stiftung Collegium Augustinianum Gaesdonck

Direktorat: Herr Dr. Oberdörster (Direktor), Herr Gysbers (Internatsleiter), Frau Schleede-Schmalz (Schulleiterin)

Schularten: Bischöfliches Internatsgymnasium

Schulische Ausrichtung:
Kopf. Herz. Charakter.
Wir bieten insbesondere gut motivierten Schülerinnen und Schülern eine exzellente Bildung in einer positiven, lebendigen Lernatmosphäre.

Collegium Augustinianum GAESDONCK

Verband Katholischer Internate und Tagesinternate

Konfession: röm.-kath.
(Aufnahme ist nicht an Konfession gebunden)

Sprachenfolge: Kl. 5: E, Kl. 7: F/L, Kl. 8: F, Kl. 11: Sp

Internatsplätze:
Vollinternat: 120, Tagesinternat: 150

Klassenstärke:
25–30 (LK Oberstufe ca. 10–20)

Externe Schüler: ca. 550

Kosten/Monat:
Vollinternat € 1.827,–, Tagesinternat € 562,–; Schüler aus dem Ausland € 2.579,–, zzgl. Nebenkosten; Stipendienvergabe an geeignete Bewerber möglich

Pädagogische Schwerpunkte/Besonderheiten: Selbstverständlich ermöglichen wir als Internatsschule in freier Trägerschaft unseren Schülerinnen und Schülern eine ausgezeichnete Vorbereitung auf das Abitur. Unsere Abiturergebnisse sind seit Jahren kontinuierlich besser als der Landesdurchschnitt. Das Bildungsangebot an der Gaesdonck geht jedoch weit über das gymnasiale Curriculum hinaus! Die renommierten **Exzellenz-Kurse** der Gaesdonck sind ein ganz besonderes Angebot – und in vielen Aspekten einzigartig: Auf akademischem Proseminar-Niveau bieten sie für Oberstufenschülerinnen und -schüler bereits parallel zum Abitur eine frühzeitige intensive Vorbereitung auf ein erfolgreiches Studium in den Bereichen Kunst/Design, Ökonomie und – bundesweit einmalig – Medizin. Außergewöhnlich vielfältige qualifizierende und freizeitgestaltenden Campus-Angebote aus Musik, Kunst, Sport und vielen anderen Bereichen runden das Profil der Gaesdonck ab.

Kontakt: Individuelle Beratungstermine vor Ort und per Video-Chat und Probewohnen sind jederzeit möglich.

Schloss Heessen Leben und Lernen in einer familiären Privatschule mit internationaler Prägung

Siehe auch Seite 26

Name und Anschrift:
Schloss Heessen – Privatschule und Internat
Schlossstraße 1, 59073 Hamm
Tel. 0049 23 81/6 85-0
Fax 0049 23 81/6 85-190
www.schloss-heessen.de
info@schloss-heessen.de
www.facebook.de/SchlossHeessen1957
www.instagram.com/SchlossHeessen

Name des Trägers: Landschulheim Schloss Heessen e. V.

Internatsleitung: Ines Rafflenbeul

Schulleitung/Ansprechpartner:
OStD Jürgen Heimühle

Schulstatus: staatlich anerkanntes privates Tagesgymnasium und Internat

Schularten: Gymnasium

Schulische Ausrichtung: Ganztagsgymnasium mit differenzierter Oberstufe

Konfession:
nicht gebunden

Sprachenfolge:
1. Fremdsprache: E
2. Fremdsprache: L oder F
3. Fremdsprache Oberstufe: Sp

Internatsplätze: w.: 30, m.: 55

Klassenstärke:
Sek I ca. 10–18, Sek II ca. 8–15

Externe Schüler: 165

Kosten/Monat:
Internat: Kl. 5+6: € 2.080,–,
Kl. 7: € 2.080,–, Kl. 8: € 2.130,–,
Kl. 9: € 2.200,–, Kl. 10–12: € 2.430,–

Nebenkosten:
Aufnahmegebühr (einmalig): Internat € 500,–

Pädagogische Schwerpunkte/Besonderheiten: Individuelle Hausaufgabenbetreuung – Förderung im Rahmen des Ganztagsunterrichtes auf der Basis kleiner Klassen und Kurse (Begabungen fördern und Defizite ausräumen) – Ausgleichs- und Vertiefungskurse in der JgSt 10 – Teilnahme an Wettbewerben und Olympiaden – Berufsorientierung mit Schwerpunkt Sek II – sorgfältige Erziehung in kleinen Gruppen durch fachausgebildete Erzieher – neues Oberstufenzentrum für Schule und Internat mit moderner technischer Ausstattung – Zertifiziertes Mittagessen aus der hauseigenen Frischküche.

Tag der offenen Tür: Individuelle Beratungstermine jederzeit.

PRIVATSCHULE – EINE GUTE ENTSCHEIDUNG! INDIVIDUELL • FAMILIÄR • FÖRDERND

PRIVAT GYMNASIUM ISERLOHN

Privatgymnasium Iserlohn

VDP

Name und Anschrift:
Privatgymnasium Iserlohn
Reiterweg 28–32, 58636 Iserlohn
Tel. 0 23 71/90 43-0
Fax 0 23 71/90 43-70
www.privatgymnasium-iserlohn.de
info@privatgymnasium-iserlohn.de

Name des Trägers:
Privates Aufbaugymnasium Iserlohn GmbH

Internatsleitung:
Susanne Hartken-Rohe

Schulleitung:
Karl-Heinz Marx

Geschäftsführer:
Silvia Semidei, Iris Hermann

Schulstatus: staatlich anerkannt

Schularten:
Grundständiges Gymnasium nach G9

Schulische Ausrichtung:
Gymnasium mit 9-jährigem Bildungsgang

Konfession: nicht gebunden

Sprachenfolge: E ab Kl. 5, L/F ab Kl. 7, Sp ab Kl. 11

Internatsplätze: 130

Klassenstärke: Ø ca. 15

Externe Schüler: z. Zt. 64 Tagesschüler

Kosten/Monat: Kl. 5-13: ab € 1.890,–, International, und intensive Förderung auf Anfrage Zzgl. Aufnahmegebühr Stipendien möglich

Nebenkosten/Monat: Taschengeld (nach Jahrgangsstufen gestaffelt), Schreibmaterial, Veranstaltungen, Klassen-/Studienfahrten

Pädagogische Schwerpunkte/Besonderheiten:
Beaufsichtigte Lernzeitbetreuung in allen Klassen durch Betreuer*innen und Lehrer*innen, Förderkurse, fachl. Gruppengespräche, indiv. Förderung, Kurs „Lernen lernen", Personal Coaching. Vereinbarkeit von Leistungssport und Schule. Freizeitangebote: Kultur (Theater, Film, Kino usw.), Sport (Basketball, Eishockey, Reiten, Golf, Tennis, Schwimmen, Fußball usw.), Betriebsbesichtigungen, AGs (Billard, Kochen, Kreativwerkstatt, Zeichnen, Song of Style, Schülercafe usw.).

Tag der offenen Tür: Individuelle und persönliche Beratungstermine jederzeit möglich!

Internat Schloss Varenholz

Name und Anschrift:
Schloss Varenholz – Jugendhilfeeinrichtung mit Internat und Privater Sekundarschule
Schloss Varenholz, 32689 Kalletal
Tel. 0 57 55/96 20, Fax 0 57 55/4 24
www.schloss-varenholz.de
info@schloss-varenholz.de

Name des Trägers:
OWL Gemeinnützige Privatschulgesellschaft mbH und Schloss Varenholz GmbH, Internatsgesellschaft für Kinder- und Jugendhilfe

Internatsleitung:
Dipl. Sozialpädagoge Tobias Boving
Gesamtleitung: Thomas Blauschek M.A. und Frederic Blauschek

Schulleitung: Jan-Helge Kuhn

Gesamtleitung:
Thomas Blauschek M. A., Frederic Blauschek

Schulstatus: staatlich genehmigte Ersatzschule

Konfession: nicht gebunden

VDP

Schularten: Private Sekundarschule in Ganztagsform

Schulische Ausrichtung: Mittl. Bildungsweg, Vorbereitung auf die Berufsausbildung und die Sekundarstufe II; alle Abschlüsse der Sekundarstufe I werden vergeben. Extern: Fachhochschulreife oder Hochschulreife an mit Schloss Varenholz kooperierenden Schulen.

Sprachenfolge: E ab Kl. 5, F ab Kl. 6

Internatsplätze: w.: 50, m.: 110

Klassenstärke: ca. 10–20 SchülerInnen

Externe Schüler: ca. 10 %

Kosten/Monat: Auf Anfrage; Schloss Varenholz ist ein anerk. Träger der freien Jugendhilfe. Deshalb ist bei Erfüllung der Voraussetzungen eine Kostenübernahme durch öffentl. Kostenträger möglich.

Nebenkosten/Monat: ca. € 50,–

Pädagogische Schwerpunkte/Besonderheiten: Besondere Hilfen bei ADHS, Autismus/Asperger, allg. Lern- und Leistungsproblemen, Schulverweigerung, Entwicklungsverzögerungen oder Verhaltensauffälligkeiten; in unsere Schule des Gemeinsamen Lernens können je nach Eignung auch Förderschüler aufgenommen und intensiv gefördert werden; Rhythmisierung und Strukturierung des Ganztagsbetriebes durch Blockunterricht, Binnendifferenzierung, verbindliche Kooperationen mit einem Gymnasium und ortsnahen Berufskollegs, mehrwöchige Praxiszeiten zur Vorbereitung auf die Berufsausbildung in den Klassen 8, 9 und 10, wöchentliche Heimfahrten möglich.

Tag der offenen Tür: 29. Mai 2021

KRÜGER Internat und Schulen Siehe auch Seite 29

Name und Anschrift:
Krüger Internat und Schulen
Westerkappelner Straße 66, 49504 Lotte
Tel. 05404 9627-0, Fax 05404 9627-60
www.internat-krueger.de, info@internat-krueger.de
f KruegerInternat

Name des Trägers: Friedrich Krüger Stiftung

Internatsleitung: Diplom-Sozialarbeiter/Sozialpädagoge (FH) Jörn Litsche-Niekamp, Petra Mittag-Krüger

Schulleitung: StD André Soßna, OStRin Sabine Buschmeyer

Schulstatus: staatlich anerkannte Ersatzschule

Schularten: Das Berufskolleg im Bereich Wirtschaft und Verwaltung bietet folgende Abschlüsse an: Hauptschulabschluss nach Klasse 10, Fachoberschulreife (Realschulabschluss), Fachhochschulreife (Fachabitur) und Allgemeine Hochschulreife (uneingeschränktes Abitur); Der Besuch der örtlichen Haupt-, Real- und Gesamtschule ermöglicht alle Abschlüsse der allgemeinbildenden Schulen

Schulische Ausrichtung: Schwerpunkt Wirtschaft und Verwaltung/ComputerNRW- und ECDL-Computerführerschein/KMK Sprachenzertifikat

Konfession: nicht gebunden

Sprachenfolge: E-Sp

Internatsplätze: w.: 20, m.: 60

Klassenstärke: 15–25 Schüler

Externe Schüler: 200

Kosten/Monat: ca. € 2.280,–

Nebenkosten/Monat: ca. € 115,–

Pädagogische Schwerpunkte/Besonderheiten: Generell gehen wir auf individuelle Stärken und Schwächen der Jugendlichen mit Angeboten und Fördermaßnahmen ein und vermitteln durch das Zusammenleben im Internat soziale Kompetenzen, die den Einstieg in ein erfolgreiches (Berufs-) Leben erleichtern. Ein flexibles und durchlässiges Schulsystem unterstützt hierbei unser erfolgreiches Konzept. Schüler ohne Hauptschulabschluss, aber mit 10 Schulbesuchsjahren und einem Mindestalter von 18 Jahren können den Hauptschulabschluss nachholen. Ein Dipl.-Psychologe steht für begleitende Maßnahmen zur Verfügung. Breitgefächerte Freizeitangebote sorgen für Abwechslung und stärken den Teamgeist: Tischtennis, Bowling, Tennis, Fußball, Basketball, Badminton, Informatik, Fitness, Musik-AG, Schwimmen, Eislaufen, Kunstatelier. Neigungsgruppen nach Wunsch: Golf etc.

Die Loburg Collegium Johanneum

Internat für Mädchen und Jungen

INTERNAT SCHLOSS LOBURG

Verband Katholischer Internate und Tagesinternate

Name und Anschrift:
Die Loburg Collegium Johanneum
Schloss Loburg, Loburg 15, 48346 Ostbevern
Tel. 0 25 32/8 71 59, Fax 0 25 32/8 71 55
www.internat-loburg.com
internat@die-loburg.de

Name des Trägers:
Stiftung Collegium Johanneum

Internatsleitung: Dr. Oliver Niedostadek

Schulleitung: Michael Bertels OStD i.K.

Schulstatus:
staatlich anerkannte katholische Privatschule

Schularten: Gymnasium und Sprachinstitut auf dem Campus; Aufnahme in die örtliche Sekundarschule möglich; Kooperation mit Gesamtschule.

Schulische Ausrichtung:
Gymnasium mit bilingualem Zweig (Englisch), hohes akademisches Niveau

Konfession: katholische Erziehung. Kinder anderer christl. Konf. willkommen.

Sprachenfolge: Kl. 5: E, Kl. 7: L/F, Diff. Kl. 9: F oder Sp, Kl. 10 Sp, zzt. Abi nach 12 Jahren (ab 5. Kl. 2018/19 – G9 – Abi nach 13 Jahren)

Internatsplätze: w.: 55, m.: 65

Klassenstärke: ca. 28;
Sprachunterricht in Kleingruppen

Externe Schüler: 900 koedukativ

Kosten/Monat: € 1.600,– (Schüler, die an den Heimfahrtswochenenden u. während der Herbst- u. Osterferien nach Hause fahren); € 2.200,– (Schüler, die während der Wochenenden und ggf. Herbst- u. Osterferien betreut werden); Einzelheiten unter www.internat-loburg.com

Nebenkosten/Monat:
€ 15,– für kulturelle Veranstaltungen

Pädagogische Schwerpunkte/Besonderheiten: Exzellente Bildung für Ihr Kind! Das ist der Maßstab, an dem wir uns messen lassen. Ein hohes akademisches Niveau und zahlreiche Formen der schulischen Förderung und Unterstützung bieten unseren Schülerinnen und Schülern alle Chancen auf eine erstklassige schulische Ausbildung. Dabei ist es von herausragender Bedeutung, dass den Jugendlichen eine Atmosphäre geboten wird, in der sie sich wohlfühlen. Dies zeichnet die Loburg in besonderem Maße aus.

Tag der offenen Tür: 3 mal pro Schuljahr, Termine auf der Homepage

Privatschule Conventz

Name und Anschrift:
Privatschule Conventz GbR
Greppstraße 48a, 52159 Roetgen
Tel. 0 24 71/92 00 10, Fax 0 24 71/92 00 19
www.privatschule-conventz.de,
info@privatschule-conventz.de

Name des Trägers:
Wilfried, Bernd, Christian und Eric Conventz

Internatsleitung:
Dipl.-Ing. Bernd Conventz

Schulleitung:
Wilfried, Bernd, Christian und Eric Conventz

Schulstatus:
Staatlich anerkannte Ergänzungsschule

Schularten:
Gymnasium / Realschule

Schulische Ausrichtung:
Allgemeinbildende Ganztagsschule, G9

VDP

Konfession:
nicht gebunden

Sprachenfolge:
Kl. 5: Englisch,
Kl. 6: Französisch / Spanisch,
Oberstufe neu einsetzend: Französisch / Spanisch / Latein / Chinesisch

Internatsplätze: 40

Klassenstärke: max. 15

Externe Schüler: ca. 80%

Kosten/Monat:
€ 2.520,– p. M. Doppelzimmer mit Bad
€ 2.680,– p. M. Doppelappartement mit Bad
€ 2.850,– p. M. Einzelzimmer mit Bad

Nebenkosten/Monat:
Ca. € 100,– p. Monat (Klassenfahrten, Ausflüge, Veranstaltungen, Schulbücher etc., Abrechnung am Schuljahresende)

Pädagogische Schwerpunkte/Besonderheiten:
Intensive persönliche Betreuung - leistungsorientiert - kleine Klassen mit maximal 15 Schülern - Ganztagsunterricht - kein Unterrichtsausfall - 7 Leistungskurse in der Oberstufe - individuelle Förderung - großzügige Gebäude - moderne Ausstattung. Vorbereitung auf alle Abschlüsse nach Klasse 10 und Abitur. Ggf. Distanzunterricht per Ganztags-Videokonferenz nach normalem Stundenplan ohne Unterrichtsausfall. Internat in den Herbst- und Osterferien geöffnet, Einzel- und Doppelzimmer, freies Internet 500 Mbit/s.

Carpe Diem Privatschule

Siehe auch Seite 203

Name und Anschrift:
Privatschule Carpe Diem Haus Broich GmbH
Hausbroicher Str. 222, 47877 Willich
Tel. 0 21 56/95 353 01
Fax 0 21 56/95 353 03
www.carpediem-willich.de
info@carpediem-willich.de
f CarpeDiemAdmin

Name des Trägers:
Privatschule Carpe Diem Haus Broich GmbH

Gesamtleitung:
Luca Bonsignore

Schulleitung:
Luca Bonsignore

Schulstatus:
staatlich anerkannte Ergänzungsschule

Schularten:
Realschule mit integriertem Gymnasialzweig

CARPE DIEM
PRIVATE GANZTAGSSCHULE MIT INTERNAT
WILLICH/DÜSSELDORF

Schulische Ausrichtung:
Mittlere Reife und Abitur

Sprachenfolge:
5. Kl. E; 7. Kl. F/L/Sp/I; 9. Kl./OS. NL

Internatsplätze: 45

Klassenstärke: bis max. 12

Externe Schüler: 120

Kosten/Monat:
Schulgeld externe Schüler (5–13): € 1.200,–
Internat und Schule (5–13): € 2.450,–

Nebenkosten/Monat:
keine

Pädagogische Schwerpunkte/Besonderheiten:
Staatlich anerkannter Qualifizierter Sekundarabschluss I (Fachoberschulreife) und Abiturprüfung; familienähnliche Strukturen; ganzheitliche Erziehung; Unterricht in kleinen Klasse von maximal 12 Schülern; internationale Ausrichtung; 24h pädagogische Betreuung; gesundes und ausgewogenes Essen; Dyskalkulie- und LRS-Training; Konzentrationstraining; Hochbegabtenförderung, Förderunterricht; großer Spielraum im Bereich Nachteilsausgleich, Erwerb von Sprachzertifikaten und ECDL; Internet-Schulplattform; professionelle IT-Ausstattung; iPad-Klassen; besondere Aktivitäten wie Klettern, Theater, Kochen, Reiten, Biking im Internat; historisches Gebäude mit großzügiger Parkanlage. Anbindung an Lerntherapie und Nachhilfe.

Tag der offenen Tür: jederzeit persönlicher Termin möglich

Internat Alzen

Name und Anschrift:
Internat Alzen – die Schule auf dem Land
51597 Morsbach-Alzen
Tel. 0 22 94/71 19
Fax 0 22 94/85 79
www.internatalzen.de
sekretariat@internat-alzen.de
Unsere Schule ist Mitglied des Verbandes deutscher Privatschulen/NRW

Name des Trägers:
Bernward Uhlenküken M.A.

Internatsleitung: Alexandra Kohlwey

Schulleitung:
Annette Longo/Stefan Dziallas

Schulstatus:
staatlich anerkannte Ergänzungsschule

Schularten:
Realschule/Gymnasium

Schulische Ausrichtung:
allgemeinbildend

Konfession: nicht gebunden

Sprachenfolge: E, F

Internatsplätze: 35

Klassenstärke: 6–15

Externe Schüler: 50

Kosten/Monat:

Internat:	Kl. 5–10	€ 1.850,–
Tagesschüler:	Kl. 5–10	€ 790,–
	Kl. 11–13	€ 880,–

Nebenkosten/Monat: keine

Pädagogische Schwerpunkte/Besonderheiten:
Ein den Prinzipien der Aufklärung verpflichtetes Welt- und Menschenbild ist Grundlage der Konzeption unserer kleinen Schule. Erziehung zu verantwortlichem Handeln und aktiver Teilhabe an der Gesellschaft sind Ziele unserer pädagogischen Arbeit.

Wir bieten:
qualifizierte, sozialpädagogische Betreuung und individuelle Unterrichtsbetreuung in kleinen Lern-Gruppen, Methodentraining, PC-gestützter Unterricht, Wahlpflichtfächer (z.B. Theater, musikpädagogische Projekte, Erlebnispädagogik), Silentien, AGs. Regelmäßige Klassenfahrten nach England und Frankreich etc.

Internat Alzen – „Lernen im Grünen"

Zurückgreifend auf eine jahrzehntelange Erfahrung in Erziehung und Bildung setzen wir auf bewährte Handlungskonzepte in Pädagogik, Didaktik und Methodik. Schule ist ein dynamischer und lebensbegleitender Prozess, der genutzt werden sollte, Kindern und Jugendlichen nicht nur Wissen zu vermitteln, sondern vor allem Orientierung zu geben. Aktive Teilhabe in Selbstbestimmtheit und sozialer Verantwortung ist das große Ziel jeder Persönlichkeitsbildung und der Schwerpunkt unserer pädagogischen Arbeit.

Im Grundsatz geht es darum, zusammen mit den Schülerinnen und Schülern neue Perspektiven zu schaffen, Vorhaben umzusetzen und Ziele zu erreichen. Dabei soll Schule wieder Spaß machen und Neugier wecken, das Denken schärfen und besonders das Selbstbewusstsein stärken, damit man auch Verantwortung übernehmen kann.

Der kleine und überschaubare Rahmen unserer Internatsschule bietet den Kindern und Jugendlichen dabei ein gutes Übungsfeld und sichere Strukturen. Vertrauensvolle Beziehungen helfen ihnen, sich einzulassen und mitzumachen, schließlich ihren Weg zu finden.

Die besondere Atmosphäre unseres Hauses wird vor allem geprägt von engagierten Menschen, die sich fürsorglich zuwenden und zur Seite stehen. Dazu trägt besonders auch die Lage des Internat Alzen bei, das mitten im schönen oberbergischen Land zu finden ist. So wird den Schülerinnen und Schülern ein reizarmer Konzentrationsraum geboten, der ihnen ein Lernen im Grünen ermöglicht.

Villa Wewersbusch

Siehe auch Seite 22–23

VDP

Name und Anschrift:
Privatschule und Internat Villa Wewersbusch
Wewersbusch 15, 42555 Velbert-Langenberg
Tel. 0 20 52/9 26 62 9-0
kontakt@villawewersbusch.de
www.villawewersbusch.de

Name des Trägers:
Florian Kesseler

Internatsleitung:
Tanja George

Schulleitung:
Michael Löser

Schulstatus:
staatlich anerkannte Ergänzungsschule

Schularten:
Gymnasium / Realschule

Schulische Ausrichtung:
Ganztagsschule mit differenzierter Oberstufe, kompetenzorientiert, individuelle Förderung

Konfession:
nicht gebunden

Sprachenfolge:
E, Sp

Internatsplätze:
100

Klassenstärke:
Ø 16

Externe Schüler:
100

Kosten/Monat:

Internat:	Kl. 5–10	€ 2.250,–
	Kl. 11–13	€ 1.950,–
Schule:	Kl. 5–10	€ 1.250,–
	Kl. 11–13	€ 950,–

Nebenkosten/Monat:
Eventuelle Nebenkosten entnehmen Sie bitte unserer Webseite.

Pädagogische Schwerpunkte/Besonderheiten:
Unterricht mit dem iPad, MINT-Bereich, Sprachen, individuelles Förder- und Forder-Programm. Internat: Einzel- oder Doppelzimmer mit eigenem Bad, TV und WLAN.

Fortsetzung folgende Seite

Besuchen Sie uns!

Besuchen Sie uns am Tag der offenen Tür.

Den nächsten Termin finden Sie auf unserer Webseite.

Vereinbaren Sie einen unverbindlichen Besichtigungstermin.

Ein Wechsel zu uns ist jederzeit möglich.

Pädagogische Schwerpunkte / Besonderheiten / Freizeitangebote:

Die Villa Wewersbusch versteht sich als Schule, die ihre Schüler in ihren individuellen Interessen durch ein eigens angepasstes, frei wählbares Förder- und Forder-Programm stärkt. Eine Besonderheit ist der digitale Unterricht. Dazu gehört neben modernster Technik auch das iPad, mit welchem jeder Schüler ausgestattet ist. So kann ein moderner, kreativer und kompetenzorientierter Unterricht garantiert werden.

In der Internatsfreizeit warten verschiedene Aktivitäten, wie Schwimmen, Kanufahren, Mountainbiking, Reiten, Golf, sowie kulturelle Angebote in Theatern, Museen und Kulturstätten im Ruhrgebiet auf die Schüler. Die im eigenen Park gelegene historische Villa Wewersbusch bietet viel Raum für Ruhe und Entspannung am Ende des Schultages.

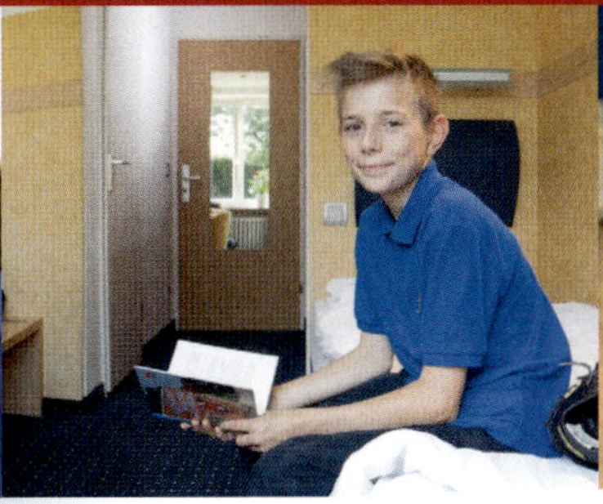

Telefon 02052 926629-0
kontakt@villawewersbusch.de

Distinguished School

Recognised by Apple as a distinguished school for continuous innovation in learning, teaching, and the school environment.

VDP
Verband Deutscher Privatschulen Nordrhein-Westfalen e.V.

Internate in Rheinland-Pfalz

55232 Alzey
Staatliches Aufbaugymnasium Alzey/
Landeskunstgymnasium Rheinland-Pfalz
Ernst-Ludwig-Str. 47–51
Tel. 0 67 31/9 60 10

Aufbaugymnasium ab 10. Kl.
Kunstgymnasium ab 10. Kl.

53474 Bad Neuenahr-Ahrweiler
Carpe Diem Privatschule
Hardtstr. 3
Tel. 0 26 41/91 81-0

Realschule mit integriertem Gymnasialzweig

■ **ausführliche Angaben: Seite 195 und Seite 203**

67295 Bolanden
Internat Gymnasium Weierhof
An der Aula 1
Tel. 0 63 52/40 05-39

Gymnasium auf dem Campus, Realschule+, Grundschule ab Kl. 4, Berufsbildende Schulen

■ **ausführliche Angaben: Seite 204**

67663 Kaiserslautern
Heinrich-Heine-Gymnasium
Im Dunkeltälchen 65
Tel. 06 31/20 10 40

Aufbaugymnasium, Sportgymnasium (Fördersportarten: Badminton, Fußball, Judo, Radsport, Tennis, Leichtathletik, Sportklettern, Handball), Eliteschule des Sports, Eliteschule des Fußballs, Hochbegabtenschule, Internationale Schule

■ **ausführliche Angaben: Seite 205**

56073 Koblenz
Sportinternat Koblenz
Bahnhofsweg 6
Tel. 02 61/4 15 83

Leistungssportinternat für ausgewählte Sportarten

76829 Landau
Tagesinternat Maria-Ward-Schule
Cornichonstr. 1
Tel. 0 63 41/92 30 18

Gymnasium und Realschule (Mitglied im VKIT)

56410 Montabaur
Landesmusikgymnasium
Rheinland-Pfalz
Humboldtstr. 6
Tel. 0 26 02/13 49 80

Gymnasium

54673 Neuerburg
Staatliches Eifel-Gymnasium
Pestalozzistr. 19–21
Tel. 0 65 64/9 67 30

Gymnasium ab Kl. 7, Aufbaugymnasium, Sprachkurse für Migranten, Abitur auf dem zweiten Bildungsweg

■ **ausführliche Angaben: Seite 206**

67105 Schifferstadt
Sportinternat Schifferstadt
Am Sportzentrum 6
Tel. 0 62 35/21 58

Sportinternat für Ringen

Carpe Diem Privatschule

Siehe auch Seite 195

Name und Anschrift:
Privatschule Carpe Diem GmbH
Hardtstr. 3, 53474 Bad Neuenahr-Ahrweiler
Tel. 0 26 41/91 81-0
Fax 0 26 41/91 81-20
www.carpediem-badneuenahr.de
info@privatschule-carpediem.de
f CarpeDiemAdmin

Name des Trägers:
Privatschule Carpe Diem GmbH

Gesamtleitung:
Luca Bonsignore

Schulleitung:
Luca Bonsignore

Schulstatus:
staatlich anerkannte Ergänzungsschule

Schularten:
Realschule mit gymnasialer Oberstufe

CARPE DIEM
PRIVATE GANZTAGSSCHULE MIT INTERNAT
BAD NEUENAHR-AHRWEILER

Schulische Ausrichtung:
Mittlere Reife und Abitur

Sprachenfolge:
5. Kl. E; 7. Kl. F/L; 9. Kl. und OS. Sp, I, P

Internatsplätze: 80

Klassenstärke: bis max. 14

Externe Schüler: 120

Kosten/Monat:
Schulgeld externe Schüler (5–13): € 1.200,–
Internat und Schule (5–13): € 2.450,–

Nebenkosten/Monat:
keine

Pädagogische Schwerpunkte/Besonderheiten:
Staatlich anerkannter Qualifizierter Sekundarabschluss I im eigenen Haus und Abiturprüfung; familienähnliche Strukturen; ganzheitliche Erziehung; Unterricht in Klassen bis 14 Schülern; internationale Ausrichtung; 24h pädagogische Betreuung; gesundes und ausgewogenes Essen in Familientradition; Dyskalkulie- und LRS-Training; Konzentrationstraining; Förderunterricht; Hochbegabtenförderung; großer Spielraum im Bereich Nachteilsausgleich; Erwerb von Sprachzertifikaten und ECDL; Internet-Schulplattform; professionelle IT-Ausstattung; iPad-Klassen; Smartboards; Kursfahrten nach London, Rom, Peking; großes Angebot in den Bereichen Kunst, Musik, Sport. Zusatzleistungen im Bereich Coaching, Lerntherapie und Nachhilfe.

Tag der offenen Tür: jederzeit, nach persönlichem Termin.

Internat Gymnasium Weierhof

Name und Anschrift:
Internat Gymnasium Weierhof
An der Aula 1, 67295 Bolanden
Tel. 0 63 52/40 05-39, Fax 0 63 52/40 05-21
www.weierhof.de, internat@weierhof.de
f weierhof.de

Name des Trägers: Schulverein Weierhof

Internatsleitung: Wolfgang Huber

Schulleitung:
OStD Michael Scholz

Schulstatus: staatlich anerkannte Privatschule, Ganztagsschule

Schularten: G8/GTS-Gymnasium auf dem Campus, Realschule+, Grundschule ab Kl. 4, Berufsbildende Schulen

Schulische Ausrichtung:
ganzheitliches Bildungsangebot

Konfession: nicht gebunden

Sprachenfolge:
E oder F ab Kl. 5, F oder L ab Kl. 6, ab Kl. 8 L, F, Sp oder J (fakultativ)

Internatsplätze: 90, davon 35 für Kinder & Jugendliche mit Diabetes mellitus Typ 1

Klassenstärke:
abhängig von jeweiliger Schulart

Externe Schüler: 900

Kosten/Monat: ab € 1.510,–

Nebenkosten/Monat: keine

Pädagogische Schwerpunkte/Besonderheiten: Neben einer individuellen schulischen Förderung, einer engen Kooperation mit den umliegenden Schulen und intensiver Betreuung durch pädagogisches und medizinisches Fachpersonal ist uns die psychosoziale Förderung ein besonderes Anliegen. Erziehung zur Selbstständigkeit, Verstärkung sozialer Kompetenzen und viele Freizeitmöglichkeiten (Reiten, Hip-Hop, Fußball, Basketball, Tischtennis, Leichtathletik, Schwimmen, Musik, Tierheim, Kreativgruppe etc.) runden unser Angebot ab. Probewohnen ist jederzeit möglich. Das Gymnasium Weierhof ist eine Ganztagsschule mit über 50 Neigungsgruppen/AG`s. Besondere Förderung der SchülerInnen in halben Klassen in den Lernzeiten der Schule. Austauschprogramme mit Frankreich, Kanada, England, Japan, Spanien, China. Schule und Internat bieten ein Sonderprogramm für chinesische Schüler mit dem Bildungsziel Abitur an. Eine zusätzliche Sprachförderung sowie weitere Unterstützung wird geboten. Ein Schwerpunkt des Internats ist die integrative Betreuung von Kindern & Jugendlichen mit Diabetes mellitus Typ 1.

Tag der offenen Tür: Besichtigung nach Terminvereinbarung und Veröffentlichung von Terminen unter www.weierhof.de.

Heinrich-Heine-Gymnasium

Name und Anschrift:
Staatl. Heinrich-Heine-Gymnasium
Im Dunkeltälchen 65, 67663 Kaiserslautern
Tel. 06 31/20 10 40
Fax 06 31/2 01 04 23
www.hhg-kl.de, info@hhg-kl.de

Name des Trägers: Land Rheinland-Pfalz

Internatsleitung: Josef Schüller

Schulleitung: OStD Dr. Ulrich Becker

Schulstatus: staatliches Gymnasium

Schularten: Gymnasium ab Kl. 5

Schulische Ausrichtung: Aufbaugymnasium, Sportgymnasium (Fördersportarten: Badminton, Fußball, Judo, Radsport, Tennis, Leichtathletik, Sportklettern, Handball), Eliteschule des Sports, Eliteschule des Fußballs, Hochbegabtenschule, Internationale Schule

Konfession:
nicht gebunden

Sprachenfolge:
E, F/L, L/F/Sp
Neu einsetzende Fremdsprachen in der 11. Jahrgangsstufe für Absolventen der Haupt- und Realschulen: F/L

Internatsplätze:
gesamt: 172

Klassenstärke:
15–25

Externe Schüler:
800

Kosten/Monat:
€ 360,–

Nebenkosten/Monat:
Taschengeld, Heimfahrten

Pädagogische Schwerpunkte/Besonderheiten:
Erziehung zur Eigenverantwortung, Förderklassen für Sportler und Hochbegabte, Unterbringung in 4 Internatsgebäuden ausschließlich in Einzel- und Doppelzimmern mit Dusche und WC, Gruppenräume und Küchen auf jeder Etage. Betreuung durch ausgebildetes pädagogisches Fachpersonal, Lage des Internates und der Schule unmittelbar am Naturpark Pfälzer Wald und der Technischen Universität, Hausaufgabenbetreuung, schulpsychologische Beratung, Mensa, Internetcafé, vielfältige sportliche und musische Freizeitangebote (Reiten, Fußball, Tanzen, Joggen, Schwimmen, Kochen, Basteln, Töpfern, Holzarbeiten etc.), diverse Freizeiträume (Kreativwerkstatt, Holzwerkstatt, Snoezel- bzw. Entspannungsraum, Billard- und Tischtennisraum, Sauna, Sporthalle, Kleinspielfeld, Spielplatz, Grillplatz, Computerräume).

Tag der offenen Tür: jährlich im November.

Staatliches Eifel-Gymnasium

STAATLICHES
EIFEL-GYMNASIUM
NEUERBURG

Name und Anschrift:
Staatliches Eifel-Gymnasium Neuerburg
Pestalozzistr. 19-25, 54673 Neuerburg
Tel. 0 65 64/96 73-0
Fax 0 65 64/96 73-31
www.eifel-gymnasium.de
schule@eifel-gymnasium.de

Name des Trägers: Land Rheinland-Pfalz

Internatsleitung: Marcel Banz

Schulleitung: OStD Dr. Jens Kemper

Ansprechpartnerin: StD' Sonja Lessel

Schulstatus:
Staatliches Gymnasium und Kolleg

Schularten: Gymnasium ab Kl. 7, Aufbaugymnasium, Sprachkurse für Migranten, Abitur auf dem zweiten Bildungsweg (an unserem Eifel-Kolleg)

Schulische Ausrichtung:
Qualifizierter Sekundarabschluss I, allgemeine Hochschulreife (Abitur)

Konfession: nicht gebunden

Sprachenfolge:
1. FS E, 2. FS F/L, 3. FS Sp (freiwillig)

Internatsplätze: ca. 150

Klassenstärke: 4–32

Externe Schüler: 400

Kosten/Monat: € 320,– Internat & Schule

Nebenkosten/Monat: keine

Pädagogische Schwerpunkte/Besonderheiten:
- Vermittlung zentraler Werte wie Gemeinschaft, Respekt, Toleranz und Eigenständigkeit
- Entwicklung wichtiger Kompetenzen und Fähigkeiten wie der Erwerb von Teamfähigkeit, Rücksichtnahme und die Übernahme sozialer Verantwortung für das spätere Berufsleben
- Klar strukturierter Tagesplan hilft in der Entwicklung und gibt orientierenden Rahmen
- Außerunterrichtliche Projekte und Freizeitgestaltung: Sport (Kunstrasenplatz, Karate, hauseigenes Schwimmbad, Fitnessstudio), Musik (Schulchor, Bigband) und Kunst (AG Druckgrafiken)
- Besondere Sprachförderkurse für Nicht-Muttersprachler mit anschließender Schullaufbahn
- Aufbauklasse und Eifel-Kolleg als alternative Wege zur Fachhochschulreife und zum Abitur

Tag der offenen Tür:
immer am Samstag nach Pfingsten; jederzeit nach persönlicher Terminabsprache.

Internate in

Sachsen

01773 Altenberg
Internat Altenberg
Fritz-Große-Str. 22
Tel. 03 50 56/3 23 32

Gymnasium, Eliteschule des Sports

09125 Chemnitz
Internat am
Sportgymnasium Chemnitz
Reichenhainer Str. 202
Tel. 03 71/4 88 46 70

Sportgymnasium

01309 Dresden
Sächsisches Landesgymnasium
für Musik
CARL MARIA VON WEBER
Mendelssohnallee 34
Tel. 03 51/31 56 05-21

Gymnasium

■ ausführliche Angaben: Seite 210

01067 Dresden
Sportschulinternat Dresden
Messering 2a
Tel. 03 51/2 06 22 00

Eliteschule des Sports

01277 Dresden
Kapellknabeninstitut der Kathedrale
St. Trinitatis
Wittenberger Str. 88
Tel. 03 51/3 10 00 60

Internat und musikalische
Ausbildungsstätte des Knabenchores
(Mitglied im VKIT)

02177 Dresden
Dresdner Kreuzchor
Dornblüthstr. 4
Tel. 03 51/31 53 56 0

Grundschule,
Gymnasium

04668 Grimma
Internat St. Augustin
zu Grimma
Klosterstr. 1
Tel. 0 34 37/91 13 09

Gymnasium

08248 Klingenthal
Eliteschule des Sports
Floßgrabenweg 1
Tel. 03 74 65/4 56 80

Mittelschule,
Gymnasium,
Sportinternat – nordischer Skisport

04109 Leipzig
Internat des Landesgymnasium für Sport
Marschnerstr. 30
Tel. 03 41/9 85 76 50

Eliteschule des Sports und des Fußballs

09484 Kurort Oberwiesenthal
Eliteschule des Sports
Dr.-Jäger-Str. 2
Tel. 03 73 48/2 27 19 und 83 16

Mittelschule,
Gymnasium,
Sportinternat –
nordischer und alpiner Skisport,
Rennschlitten etc.

01662 Meißen
Sächsisches Landesgymnasium Sankt Afra
Hochbegabtenförderung
Freiheit 13
Tel. 0 35 21/4 56-0

Gymnasium (7.–12. Klasse),
Hochbegabtenförderung

■ **ausführliche Angaben:
Seite 211**

08393 Meerane
Europäisches Gymnasium Meerane
Pestalozzistr. 25
Tel. 0 37 64/23 31

Gymnasium,
Oberschule,
Jugendkunstschule

01796 Pirna
Internat des
Friedrich-Schiller-Gymnasiums
Schlossstr. 13
Tel. 0 35 01/46 62 30

Gymnasium

08396 Waldenburg
Europäisches Gymnasium
Waldenburg
Altenburger Str. 44a
Tel. 03 76 08/4 02 00 10

Gymnasium,
Oberschule,
Jugendkunstschule

Sächsisches Landesgymnasium für Musik

Name und Anschrift:
Sächsisches Landesgymnasium
für Musik Dresden
CARL MARIA VON WEBER
Mendelssohnallee 34
01309 Dresden
Tel. 03 51/31 56 05-40
Fax 03 51/31 56 05-50
Internat: Tel. 03 51/31 56 05-21
Fax 03 51/31 56 05-22
www.landesmusikgymnasium.de
info@musikgym.smk.sachsen.de

Name des Trägers:
Freistaat Sachsen

Internatsleitung:
Dipl.-Soz.-Päd. Jens Neutsch

Schulleitung/Ansprechpartner:
Marita Leonhardt-Runck
Ekaterina Sapega-Klein

Schulstatus: öffentliches Gymnasium

Schularten: Gymnasium

Schulische Ausrichtung:
vertiefte musikalische Ausbildung

Konfession:
nicht gebunden

Sprachenfolge: E-F

Internatsplätze: 75

Klassenstärke: bis 23

Kosten/Monat:
Miete/Betreuung: € 171,–
Verpflegung: ca. € 190,–

Nebenkosten/Monat: ca. € 50,–

Pädagogische Schwerpunkte/Besonderheiten:
Begabtenförderung, parallele Vorbereitung auf Abitur und Musiker- bzw. musikverwandte Berufe, Verbindung von schulisch-gymnasialer und musikalisch-künstlerischer Ausbildung, musikalische Ausbildung durch die Hochschule für Musik Dresden.

Tag der offenen Tür:
November 2021

Sächsisches Landesgymnasium Sankt Afra
Hochbegabtenförderung

Name und Anschrift:
Sächsisches Landesgymnasium Sankt Afra – Hochbegabtenförderung
Freiheit 13, 01662 Meißen
Tel. 0 35 21/4 56-0, Fax 0 35 21/4 56-1 99
www.sankt-afra.de, mail@sankt-afra.de

Name des Trägers: Freistaat Sachsen

Internatsleitung: Tino Wiedemann

Schulleitung/Ansprechpartner:
Stefan Weih

Schulstatus: Schule in Landesträgerschaft

Schularten: Gymnasium 7.-12. Klasse Hochbegabtenförderung, Aufnahme in Klasse 7 und 9

Schulische Ausrichtung:
Hochbegabtenförderung

Konfession:
ev. u. kath. Religion werden unterrichtet

Sprachenfolge:
7. Klasse: 3 Fremdsprachen, darunter Lat/Gri (opt. 9. Kl.: Spa/Rus). Je nach mitgebrachten Fremdsprachen sind individuelle Lösungen möglich.

Internatsplätze: w.: 144, m.: 144

Klassenstärke:
ca. 24; Kursbildung bei geringerer Stärke

Externe Schüler: keine

Kosten/Monat: ca. € 440,–. Der Freistaat fördert sächsische Schüler. Darüber hinaus sind Sozial- und Leistungsstipendien sowie Stiftungsstipendien möglich.

Nebenkosten/Monat: keine

Pädagogische Schwerpunkte/Besonderheiten: Förderung mehrfach Begabter; Mittelstufe: Jahrgangsprofile Exploratives Wissensverständnis: Grundlagen- und Vertiefungsunterricht Verstärkter Fremdsprachen- und naturwissenschaftlicher Unterricht Akzentuierungen von Werkstätten/Sozialen Diensten und Schülermitverantwortung; sechs Vertiefungsschwerpunkte: Discover / Design Thinking, philologisch-hermeneutisches Profil, experimentell-naturwissenschaftliches Profil, künstlerisch-ästhetisches Profil, interkulturelles Profil und vierte Fremdsprache; weitere Vertiefungsmöglichkeiten: Chor und Kammerorchester sowie Theater regelmäßige Teilnahme an Wettbewerben in allen Vertiefungsbereichen; Oberstufe: 3 Leistungskurse; obligatorisch: Besondere Lernleistung; Angebot an fächerübergreifendem Vertiefungswissen; plus-MINT-Internat; IB World School: International Baccalaureate parallel zum Abitur als zusätzliches Angebot.

Tag der offenen Tür: im Januar 2022

Internate in
Sachsen-Anhalt

06722 Droyßig
CJD Christophorusschule Droyßig
Zeitzer Str. 3
Tel. 03 44 25/2 14 86

Gymnasium,
Gemeinschaftsschule

06110 Halle
Sportschulen Halle mit Internat
Amselweg 49
Tel. 03 45/13 19 80

Gymnasium und Sekundarschule

06628 Naumburg OT Schulpforte
Landesschule Pforta
Schulstraße 12
Tel. 03 44 63/3 51 71

Gymnasium

■ ausführliche Angaben: Seite 215

39387 Oschersleben OT Hadmersleben
Internatsschule Hadmersleben
Planstr. 36
Tel. 03 94 08/9 31 00

Gymnasium

■ ausführliche Angaben: Seite 218

38871 Veckenstedt
Landschulheim Grovesmühle
Grovesmühle 1
Tel. 03 94 51/60 80

Grundschule, Gymnasium,
Realschule, Fachoberschule

■ ausführliche Angaben: Seite 216–217

Landesschule Pforta

Name und Anschrift:
Landesschule Pforta, Schulstraße 12
06628 Naumburg OT Schulpforte
Tel. 03 44 63/3 51 71, Fax 03 44 63/2 68 39
www.landesschule-pforta.de
info@landesschule-pforta.de
f schulpforte

Name des Trägers: Land Sachsen-Anhalt (bundesweite Bewerbungen möglich)

Internatskoordination: Ulrich Ixmeier

Schulleitung: Thomas Schödel

Schulstatus: 1543 gegründetes staatliches Internatsgymnasium ab Jahrgang 9 (Aufnahme nach Eignungsprüfung)

Schularten: Humanistisches Gymnasium mit Begabtenförderung in drei Zweigen: Musik, Naturwissenschaften oder Sprachen

Schulische Ausrichtung:
allgemeine Hochschulreife bei erhöhter Stundenzahl und erweitertem inhaltlichem Angebot in Schwerpunktzweigen:

- im Musikzweig z.B. Stimmbildung, Instrumental- und Chorleiterausbildung
- im Sprachzweig z.B. vier verpflichtende Fremdsprachen und bilinguale Angebote
- im NaWi-Zweig z.B. ein Forschungspraktikum in der Industrie oder in Forschungsinstituten; Informatik/Astronomie

Konfession: nicht gebunden (ev. u. kath. Religionsunterricht sowie Ethik)

Sprachenfolge: Die Sprachenfolge muss im Einzelfall geprüft werden. Das Sprachangebot umfasst E, F, Gr, L, R und Sp (Hebräisch, Chinesisch, Finnisch als AG-Zusatzangebot)

Internatsplätze: 300

Klassenstärke: bis 26; variable Kursgrößen

Externe Schüler: keine

Kosten/Monat: € 250,– für Landeskinder und € 350,– für Nichtlandeskinder (10 Monatsraten pro Jahr, Teil- und Vollstipendien für sozial benach-teiligte Schüler und Leistungsträger)

Pädagogische Schwerpunkte/Besonderheiten: • Prinzip der Einheit von Bildung und Erziehung: Die Betreuung im für alle verpflichtenden Internat erfolgt durch die Lehrerinnen und Lehrer der Schule. • Begabungsförderung mit dem Ziel, junge Menschen zu allseitig gebildeten und verantwortungsbewusst handelnden Persönlichkeiten zu bilden und zu erziehen. • Nutzen der Synergien, die sich aus dem gemeinsamen Lernen und dem Zusammenleben von jungen Menschen mit unterschiedlichen besonderen Begabungen und Talenten an einem ganz besonderen Ort ergeben. • Sozialpraktikum in Klasse 10, internationaler Schüleraustausch.

Tag der offenen Tür: im Januar und November jedes Jahres.

Landschulheim Grovesmühle

Sachsen-Anhalt

Name und Anschrift:
Landschulheim Grovesmühle
Grovesmühle 1, 38871 Veckenstedt
Tel. 03 94 51/608-0
Fax 03 94 51/608-20
www.grovesmuehle.de
info@grovesmuehle.eu
f Grovesmuehle

Name des Trägers:
Landschulheim Grovesmühle

Internatsleitung: Thomas Riedel

Schulleitung: Ines Märkisch

Schulstatus: staatlich anerkanntes Gymnasium und Sekundarschule, staatlich anerkannte Fachoberschule

Schularten:
Grundschule, Gymnasium, Realschule, Fachoberschule

die internate VEREINIGUNG e.V.

VDP

Konfession: keine

Sprachenfolge: E in GS u. ab Kl. 5, F und L ab Kl. 7, Sp ab Kl. 7

Internatsplätze: w.: 33, m.: 33

Klassenstärke: ca. 20

Externe Schüler: 300

Kosten/Monat:
Schulgeld Gymnasium und Realschule: € 360,–;
Schulgeld Fachoberschule: € 245,–;
Internatsbeitrag: € 1.850,–

Nebenkosten/Monat:
ca. € 100,–

Pädagogische Schwerpunkte/Besonderheiten:
Individuelle Förderung, Talente und Begabungen entdecken und entfalten, Schüleraustausch mit deutscher Schule in Argentinien, großes außerschulisches Freizeitangebot wie Reiten, Fußball, Schwimmen, Klettern, Mountain-Biken, Ski-Freizeiten, Sanitätsdienst, Musik, Theater uvm. Professionelle Unterstützung bei LRS und Dyskalkulie, bei Bedarf psychologische Unterstützung, Aufnahme nach § 34 und 35a des SGB VIII

Tag der offenen Tür: Termin wird auf der Homepage bekannt gegeben.

BILDUNG - LEBEN - PERSPEKTIVE

Schule & Internat GROVESMÜHLE

rnen fürs Leben

s Lernen muss Bildung werden! Der Unterricht an der ovesmühle soll nicht nur Wissen vermitteln, sondern die sbildung der individuellen Persönlichkeit fördern. eichzeitig soll der Unterricht auch ein großes Maß an axisbezug und Raum für die Selbsterprobung er- öglichen. Erreicht wird dies durch offene Unterrichts- ethoden wie Stationenlernen, Thementage, fächer- ergreifender Unterricht, Wochenplanarbeit sowie einem ethodenkompetenztraining. Handwerkliche Fähigkeiten erden im Unterrichtsfach "Praktische Arbeit" sowie in den den trainiert. Individualisierte Lernstunden, Förderplan- spräche, betreute Lernzeiten im Internat und kleine assen geben den Schülerinnen und Schülern das sichere efühl, mit ihrer Individualität angenommen zu werden.

Dem Einzelnen gerecht werden

Die wichtigsten Vorgaben für unsere Schule sind die uns anvertrauten Kinder. So, wie sie sind. An der Grovesmühle werden die Schülerinnen und Schüler in jeder Entwicklungsstufe als selbstständig denkende Persönlichkeiten angenommen und gefördert. Dies gelingt uns durch:

- Einen intensiven Austausch zwischen Schülern, Lehrern und Erziehenden
- Die Förderung von individuellen Interessen u.a. durch Gilden wie Theater, Sport, Musik, Reiten, Tierpflege uvm.
- Eine intensive Berufs- und Laufbahnbetreuung

eranwachsen zu verantwortungsvollen Persönlichkeiten

s Konzept der Ganztagsschule mit Internat vereint Lernen und Zusammenleben der Schule sowie Freizeit. Gegenseitige Achtung, Höflichkeit und Verlässlichkeit d Werte, die zu einem ausgewogenen Klima des Wohlbefindens beitragen. Zu em Zeitpunkt des Schul- und Internatsalltags stehen diese Werte im Vorder- und. Sie werden speziell gefördert durch:

ozialkompetenztraining
as Leben in der Heimfamilie
bernahme von Selbst- und Fremdverantwortung, durch z.B: „Schüler helfen chülern" oder der Vergabe von Privilegien

eregelte Tagesabläufe mit einer harmonischen Balance aus Freizeit und eiraum sowie gemeinschaftlichen Regeln, Verpflichtungen und festen Lernzeiten.

GROVESMÜHLE

Internatsschule Hadmersleben

Sachsen-Anhalt

Name und Anschrift:
Internatsschule Hadmersleben
Planstr. 36
39387 Oschersleben OT Hadmersleben
Tel. 03 94 08/9 31 00
Fax 03 94 08/9 31 02
www.privatgymnasium.de
info@privatgymnasium.de

Name des Trägers:
Internatsschule Hadmersleben gGmbH/
Internat Hadmersleben GmbH

Internatsleitung:
Astrid von Smuda
Frank Melsbach

Schulleitung:
Astrid von Smuda
Frank Melsbach

Schulstatus:
anerkannte Ersatzschule

Schularten:
Gymnasium Kl. 5-12

VDP

Schulische Ausrichtung:
allgemeinbildend

Konfession:
nicht gebunden

Sprachenfolge:
E-F/R

Internatsplätze:
70

Klassenstärke: ca. 15

Externe Schüler: 110

Kosten/Monat:
Kl. 5–9: € 1.780,–
Kl. 10–12: € 1.850,–

Nebenkosten/Monat:
Taschengeld, Fahrtkosten

Pädagogische Schwerpunkte/Besonderheiten:
Erziehung und Bildung als Einheit, intensive schulische Förderung, aktive Freizeitgestaltung, individuelle Betreuung, klar strukturierter Tagesablauf.

Tag der offenen Tür:
28.09.2021

Internate in

Schleswig-Holstein

24357 Güby
Stiftung Louisenlund
Louisenlund 9
Tel. 0 43 54/9 99-333

Ganztagsgymnasium,
IB World School,
Grundschule, plus-MINT Internat

25421 Pinneberg
WABE Internat
Eggerstedter Weg 19
Tel. 0 41 01/80 50 30 80

Grundschule
Gymnasium
IB World School

23821 Rohlstorf
Internat Schloss Rohlstorf
Am Gut 1
Tel. 0 45 59/10 56

Gemeinschaftsschule

■ **ausführliche Angaben: Seite 221**

25826 St. Peter-Ording
nsi Nordsee-Internat
Pestalozzistraße 72
Tel. 0 48 63/47 11-0

Grundschule
Gymnasium (G9) mit
Gemeinschaftsschulteil

■ **ausführliche Angaben:
Seite 18–19 und Seite 222**

Internat Schloss Rohlstorf

Name und Anschrift:
Internat Schloss Rohlstorf
Gut 1, 23821 Rohlstorf
Tel. 0 45 59/10 56
Fax 0 45 59/188 620
www.schloss-rohlstorf.de
info@schloss-rohlstorf.de

Name des Trägers: Verein zur Förderung pädagogischer Initiativen e.V.

Geschäftsführer: Michael Roelofs

Vorstandsvorsitzende:
Annette von Rantzau

Internatsleitung: Sabrina Kost

Schulleitung: Barbara Werner

VDP

Schulstatus:
genehmigte Ersatzschule (Privatschule)

Schularten: Gemeinschaftsschule

Schulische Ausrichtung:
Erster allgemeinbildender Schulabschluss (EAS), Mittlerer Bildungsabschluss (MSA)
Sprachen: Englisch

Internatsplätze: 45

Klassenstärke: max. 20

Internatskosten/Monat: € 2.850,–

Schulkosten/Monat: € 225,–

Pädagogische Schwerpunkte/Besonderheiten:
- Lernen und Leben bedeutet mehr als Schule und Freizeit.
- Hochqualifizierte Pädagogen und Lehrkräfte
- Individuelle Betreuung
- Förderung von Begabungen und Talenten
- „Stärken stärken" – „Schwächen schwächen" (AvR)
- Möglichkeiten für jeden Schulabschluss (in Kooperation mit der Gemeinschaftsschule Schulzentrum in Bad Segeberg)
- Einzigartiges Freizeitangebot
- Reizvolle Umgebung direkt am See

Als Team bieten Lehrer, Lernbegleiter und Sozialpädagogen Ihrem Kind Verlässlichkeit, Halt und Orientierung.

Philosophie: „Wir mögen dich so, wie du bist. Wir vertrauen auf deine Fähigkeiten. Wenn du uns brauchst, sind wir da. Versuche es zunächst einmal selbst!"

nsi Nordsee-Internat

Siehe auch Seite 18–19

Name und Anschrift:
nsi Nordsee-Internat
Pestalozzistraße 72, 25826 St. Peter-Ording
Tel. 0 48 63/47 11-0
Fax 0 48 63/47 11-10
www.nordsee-internat.de, info@nsi-spo.de
NordseeInternat
nordsee_internat
NordseeInternat

Name des Trägers:
Nordsee-Internat St. Peter-Ording e.V.

Internatsleitung:
Rüdiger Hoff (Pädagogischer Leiter),
Tim Schaefer (Kaufmännischer Leiter)

Schulleitung:
Nils-Ole Hokamp

Schulstatus: öffentliche Schulen

Schularten: Gymnasium (G9) mit Gemeinschaftsschulteil, Grundschule

Konfession: nicht gebunden

Sprachenfolge:
Gymnasium: E, L/F, Sp, Chin.
Regionalschule: E, F

Internatsplätze: 130

Klassenstärke: Ø 22

Externe Schüler: keine

Kosten/Monat: € 1.731,– monatlich

Nebenkosten/Monat: € 135,– bis € 187,– Schulkostensachbeitrag für minderjährige Schüler, die mit erstem Wohnsitz nicht in Schleswig-Holstein gemeldet sind.

Pädagogische Schwerpunkte/Besonderheiten:
- Erfolgreich lernen und Lernen lernen
- Gesund denken und nachhaltig leben
- Herausforderungen setzen und Ziele erreichen
- Ganzheitliche Unterstützung rund um die Uhr

Lernen, Lernen lernen und gesund denken – immer gemeinsam und immer mit viel Spaß. Das Konzept des Nordsee-Internats ist angenehm normal. Schule und Internatsleben sind bewusst eigenständig und ermöglichen so ein besonders vertrauensvolles Verhältnis zwischen den Schülern und Pädagogen. Das bedeutet für die Kinder und Jugendlichen viel persönliche Freiheit, aber auch mehr Verantwortung. Dazu gibt es jede Menge Freizeit- und Weiterbildungsmöglichkeiten, frische Seeluft und das gute Gefühl willkommen zu sein – natürlich auch für Kinder mit Diabetes, Asthma oder Neurodermitis. Eben ein echtes LernZuhause.

Internate in

Thüringen

99096 Erfurt
Pierre-de-Coubertin-Gymnasium
Mozartallee 4
Tel. 03 61/3 48 13

Spezialschule für Sport mit angegliederten Regelschulklassen

99089 Erfurt
Albert-Schweitzer-Gymnasium
Vilniuser Str. 17a
Tel. 03 61/2 62 83 00

Gymnasium

98663 Haubinda
Lietz Internatsdorf Haubinda
Stiftung 01
Tel. 03 68 75/67 10

Grundschule, Hauptschule, Realschule, Fachoberschule (Informationstechnik, Wirtschaft und Verwaltung), Berufliches Gymnasium (Schwerpunkt Wirtschaft)

■ **ausführliche Angaben: Seite 225**

98693 Ilmenau
Goetheschule Ilmenau
Staatliches Gymnasium
Herderstr. 44
Tel. 0 36 77/6 75 31

Gymnasium, mathem.-naturwiss. Richtung und Universitätskolleg, Spezialinternat

07749 Jena
Sportgymnasium Jena
„Johann Chr. Fr. GutsMuths"
Wöllnitzer Str. 40
Tel. 0 36 41/3 81 50

Gymnasium, Eliteschule des Sports

98559 Oberhof
Sportgymnasium Oberhof
Am Harzwald 3
Tel. 03 68 42/26 80

Gymnasium

06571 Roßleben-Wiehe
Klosterschule Roßleben
Klosterschule 5
Tel. 03 46 72/9 82 00

Gymnasium

■ **ausführliche Angaben: Seite 226**

07407 Rudolstadt OT Keilhau
Fröbel Internat
Robert-Birkner-Straße 17–27
Tel. 0 36 72/46 96 0

Thüringer Gemeinschaftsschule, gymnasialer Abschluss in Kooperation

■ **ausführliche Angaben: Seite 227**

99880 Waltershausen
Salzmannschule Schnepfenthal
Klostermühlenweg 2–8
Tel. 0 36 22/9 13-0

Spezialgymnasium für Sprachen

99425 Weimar
Musikgymnasium
Schloss Belvedere
Staatliches Spezialgymnasium
Schloss Belvedere 1
Tel. 0 36 43/86 63 10

Gymnasium

Lietz Internatsdorf Haubinda

Name und Anschrift:
Lietz Internatsdorf Haubinda
Stiftung 01, 98663 Haubinda
Tel. 03 68 75/67 10, Fax 03 68 75/67 150
www.internatsdorf.de, haubinda@lietz-schule.de
f LietzInternatsdorfHaubinda

Name des Trägers: Stiftung Deutsche Landerziehungsheime, Hermann-Lietz-Schule, Im Grund 2, 36145 Hofbieber

Internats- und Schulleitung:
Burkhard Werner

Schulstatus: staatlich anerkannte Privatschule

Schularten: Grundschule, Hauptschule, Realschule, Fachoberschule (Informationstechnik, Wirtschaft und Verwaltung), Berufliches Gymnasium (Schwerpunkt Wirtschaft)

Schulische Ausrichtung: Thür. Lehrplan nach ganzheitlicher Pädagogik von Dr. Hermann Lietz

Konfession: nicht gebunden

Sprachenfolge: E, Sp

Internatsplätze: w.: 40, m.: 80

Klassenstärke: ca. 10–18

Externe Schüler: Regelschule: 160
Grundschule: 60
Fachoberschule: 45
Berufliches Gymnasium: 35

Kosten/Monat:
Kl. 1–10: € 2.628,– (Schuljahr 2020/2021)
Kl. 11–13: € 2.734,– (Schuljahr 2020/2021)

Nebenkosten/Monat: ca. € 200,–

Pädagogische Schwerpunkte/Besonderheiten: • Leben und Lernen im Internatsdorf: eigenes Haus für jede Internatsfamilie, Dorfladen, Backhaus, Schneiderei, Gärtnerei mit Gewächshaus, großer Bauernhof, Werkstatt für Holz- und Metallarbeiten • Schwerpunkt Landwirtschaft: Fürsorge und Pflege der Hoftiere (Schafe, Pferde, Kaninchen, Schweine, Enten), Einbringen der Ernte, Ökologie im Unterricht • kultureller Schwerpunkt: Theater- und Chorausbildung, Klavier- und Schlagzeugunterricht • Schulstaat: SchülerInnen lernen eigenverantwortlich die Regeln der Demokratie • Internationale Wochenenden: Internationale SchülerInnen werden während den Heimfahrwochenenden betreut und gehen dann gemeinsam auf Reisen

Tag der offenen Tür: einmal pro Jahr, Termin wird auf der Homepage bekannt gegeben.
MINT-Bereich: Optimale Möglichkeiten der Aus- und Weiterbildung für die Schwerpunkte Naturwissenschaften und Technik

Thüringen

Klosterschule Roßleben

Name und Anschrift:
Klosterschule Roßleben
Klosterschule 5, 06571 Roßleben-Wiehe
Tel. 03 46 72/9 82 00
Fax 03 46 72/9 82 06
www.rossleben.com
info@rossleben.com
f Klosterschule.Rossleben

Name des Trägers:
Stiftung Klosterschule Roßleben

Internatsleitung:
Mr. Francis Retter

Schulleitung: Herr Gernot Gröppler

Schulstatus: staatlich anerkannte Schule in freier Trägerschaft

Schularten:
Gymnasium mit Ganztagsgymnasium

Schulische Ausrichtung:
mathem.-naturw. und neusprachlich, mit stark musikalischer Prägung

Konfession: überkonfessionell

Sprachenfolge: E, F, L, Sp, R

Internatsplätze: 110

Klassenstärke: ca. 20

Externe Schüler:
100 Tagesschüler, 200 Halbtagesschüler

Kosten/Monat: Klasse 5–10: € 2.100,–, Neuaufnahme in Klasse 11: € 2.200,–

Nebenkosten/Monat:
ca. € 50,– bis € 100,–

Pädagogische Schwerpunkte/Besonderheiten: Traditionsschule, die seit 460 Jahren von der Familie v. Witzleben geführt wird. Die Persönlichkeit der SchülerInnen steht in Roßleben im Mittelpunkt. Förderung ihrer schulischen Fähigkeiten, Stärken und Interessen definieren Roßleben als Schule und Internat, Freundschaften werden hier fürs Leben geknüpft. Tradition im Einklang mit modernem Internatsalltag, innovative und handlungsorientierte Lehransätze sowie Vertrauen auf traditionelle und christliche Werte bereiten auf die Herausforderungen des Lebens vor: Bilinguales Internat, Musikakademie, Mentorensystem, Hausaufgabenbetreuung, Sozialdienste, Sport- und Kreativgilden. Mitglied der internationalen Round Square Vereinigung mit Möglichkeit des Schüler-und Lehreraustausches.

Tag der offenen Tür: Bitte entnehmen Sie aktuelle Veranstaltungshinweise unserer Website.

Fröbel Internat

Name und Anschrift:
Fröbel Internat
Robert-Birkner-Straße 17–27
07407 Rudolstadt OT Keilhau
Tel. 0 36 72/46 96 0
Fax 0 36 72/46 96 10
www.froebel-internat.de
info@froebel-internat.de

Name des Trägers:
Jugendsozialwerk Nordhausen e.V.

Internatsleitung:
Angela Ortelbach

Schulleitung:
Jens Dathe

Schulstatus:
staatlich anerkannte Privatschule

Schularten:
Thüringer Gemeinschaftsschule,
gymnasialer Abschluss in Kooperation

Schulische Ausrichtung:
Thür. Lehrplan nach Pädagogik
von Friedrich W. A. Fröbel

Konfession:
nicht gebunden

Sprachenfolge:
E, R

Internatsplätze:
gesamt 36

Klassenstärke:
18–24

Externe Schüler: ja

Kosten/Monat:
€ 2.040,–,
zzgl. € 150,– einmalige Aufnahmegebühr

Nebenkosten/Monat:
schülerabhängig

Pädagogische Schwerpunkte/Besonderheiten:
Lernen und Leben am historischen Ort, in der von Friedrich W. A. Fröbel 1817 gegründeten „Allgemeinen Deutschen Erziehungsanstalt".
• Besuch der Gemeinschaftsschule am Campus • Epochenunterricht • Projektorientierter Unterricht • sehr enge Kooperation zwischen Internat, Schule und Wirtschaft • Leben in kleinen individuellen Wohngruppen • angebotene AG´s:
Metall- und Holzwerkstatt, Schmiede, Töpfern, Gärtnerei- und Waldwerkstatt, Museum- und Theateratelier, Fahrradwerkstatt, Lernwerkstatt, u.v.m.

Tag der offenen Tür:
Infotage mehrmals im Jahr, die Termine werden auf unserer Homepage bekannt gegeben

Internate in der Schweiz

Deutschsprachige Schweiz

CH-3802 Beatenberg
Institut Beatenberg
alpen internat
Glunten 699
Tel. 00 41/33/8 41 81 81

(Mitglied des VSP)

CH-6440 Brunnen
Theresianum Ingenbohl
Klosterstrasse 14
Tel. 00 41/41/8 25 26 00

(Mitglied des VSP)

■ ausführliche Angaben: Seite 233

CH-7180 Disentis/Mustér
Gymnasium & Internat
Kloster Disentis
Via Claustra 1
Tel. 00 41/81/9 29 68 68

CH-8840 Einsiedeln
Stiftsschule Einsiedeln
Tel. 00 41/55/4 18 63 35

■ ausführliche Angaben:
Seite 236–237

CH-6390 Engelberg
Stiftsschule Engelberg
Benediktinerkloster 5
Tel. 00 41/41/6 39 61 00

(Mitglied im VKIT)

■ ausführliche Angaben: Seite 240

CH-7551 Ftan
Hochalpines Institut Ftan
Tel. 00 41/81/8 61 22 11

(Mitglied des VSP)

■ ausführliche Angaben:
Seite 238–239

CH-3814 Gsteigwiler bei Interlaken
Christliches Internat Gsteigwiler
Bühl 12
Tel. 00 41/33/8 27 81 00

(Mitglied des VSP)

CH-6085 Hasliberg Goldern
Ecole d'Humanité
Tel. 00 41/33/9 72 92 92

(Mitglied des VSP)

■ ausführliche Angaben:
Seite 234–235

CH-8546 Kefikon
Schule Schloss Kefikon – Schule und
Internat für Mädchen und Jungen
Schlossweg 1
Tel. 00 41/52/3 75 12 25

(Mitglied des VSP)

CH-8645 Rapperswil-Jona/Bollingen
Mädcheninternat am See
Telefon 00 41/55/225 49 00

(Mitglied im VKIT)

CH-3792 Saanen/Gstaad
John F. Kennedy International School
Chilchegasse
Tel. 00 41/33/7 44 13 72

(Mitglied des VSP)

CH-7503 Samedan
Academia Engiadina
Quadratscha 18
Tel. 00 41/81/8 51 06 12

CH-9000 St. Gallen
Institut auf dem Rosenberg
Höhenweg 60
Tel. 0041/71/277 77 77

(Mitglied des VSP)

CH-6314 Unterägeri
Privatschule Dr. Bossard
Zugerstrasse 15
Tel. 00 41/41/7 50 16 12

CH-6300 Zug
Institut Montana Zugerberg
Schönfels 5
Tel. 00 41/41/729 11 99

CH-6300 Zug
Kollegium St. Michael
Zugerbergstrasse 3
Tel. 00 41/41/7 27 12 10

(Mitglied des VSP)

CH-7524 Zuoz
Lyceum Alpinum Zuoz
Tel. 00 41/81/8 51 30 00

(Mitglied des VSP)

Französischsprachige Schweiz

CH-1807 Blonay
Ecole Chantemerle
Tel. 00 41/21/9 43 11 93

(Mitglied des VSP)

CH-1885 Chesières/Villars
Aiglon College
Tel. 00 41/24/4 96 61 61

(Mitglied des VSP)

CH-1885 Chesières/Villars-sur-Ollon
La Garenne International School
Tel. 00 41/24/4 95 24 53

(Mitglied des VSP)

CH-1885 Chesières/Villars
Pré Fleuri International Alpine School
Tel. 00 41/24/4 95 23 48

(Mitglied des VSP)

CH-1815 Clarens/Montreux
St. George's School in Switzerland
Ch. de St. Georges 19
Tel. 00 41/21/9 64 34 11

(Mitglied des VSP)

CH-3963 Crans-sur-Sierre, Crans-Montana
Le Chaperon Rouge
Tel. 00 41/27/4 81 25 00

(Mitglied des VSP)

CH-1206 Genève
Privates Gymnasium Rudolph Töpffer
21, avenue Eugène-Pittard
Tel. 00 41/22/7 03 51 20

(Mitglied des VSP)

CH-1823 Glion sur Montreux
Institut Villa Pierrefeu SA
Route de Caux 28
Tel. 00 41/58/7 50 07 50

(Mitglied des VSP)

CH-1663 Gruyères
Institut „La Gruyère"
Tel. 00 41/26/9 21 82 00

(Mitglied des VSP)

CH-1005 Lausanne
Brillantmont International School
16, avenue Charles-Secrétan
Tel. 00 41/21/3 10 04 00

(Mitglied des VSP)

CH-1001 Lausanne
École Lémania
Chemin de Preville 3
Tel. 00 41/21/3 20 15 01

(Mitglied des VSP)

CH-1010 Lausanne
École française de Lausanne Valmont
Route d'Oron 47
Tel. 00 41/21/6 52 37 33

(Mitglied des VSP)

CH-1000 Lausanne 12
Ecole Nouvelle de la Suisse Romande
Chemin de Rovéréaz 20
Tel. 00 41/21/6 54 65 00

(Mitglied des VSP)

CH-1854 Leysin
Leysin American School in Switzerland
Tel. 00 41/24/4 93 37 77

(Mitglied des VSP)

CH-1820 Montreux-Territet
Institut Monte Rosa
Avenue de Chillon 57
Tel. 00 41/21/9 65 45 45

(Mitglied des VSP)

CH-1820 Montreux
Surval Montreux
56, rte de Glion
Tel. 00 41/21/9 66 16 16

(Mitglied des VSP)

CH-1009 Pully
Collège Champittet
Ch. de Champittet, Postfach 622
Tel. 00 41/21/7 21 05 05

(Mitglied des VSP)

CH-1180 Rolle et 3780 Gstaad
Institut Le Rosey
Château du Rosey
Tel. 00 41/21/8 22 55 00

(Mitglied des VSP)

CH-1290 Versoix (Genève)
Collège du Léman
74, route de Sauverny
Tel. 00 41/22/7 75 55 55

(Mitglied des VSP)

CH-1884 Villars-sur-Ollon
Collège Alpin Beau Soleil
Route du Village 1
Tel. 00 41/24/4 96 26 26

(Mitglied des VSP)

Theresianum Ingenbohl

Name und Anschrift:
Theresianum Ingenbohl, Schule und Internat
CH-6440 Brunnen
Tel. 0041/41/825 26 00
www.theresianum.ch, info@theresianum.ch

Name des Trägers:
Stiftung Theresianum Ingenbohl

Internatsleitung: Vivian Eigenmann

Rektorin: Christine Hänggi-Widmer

Schulstatus:
Privatschule und 5-Tages-Internat

Schularten:
Sekundarschule: 7. bis 9. und 10. Schuljahr, Gymnasium: Schweizer Matura, auf Wunsch zweisprachig D/E: Bilingual (English Advanced CAE) oder Bilingual+ (English Proficiency CPE), Fachmittelschule: Fachmittelschulausweis, Fachmaturitäten: Pädagogik, Gesundheit und Soziale Arbeit. Sekundarschule, Gymnasium u. Internat sind nur für junge Frauen zugänglich, die Fachmittelschule steht beiden Geschlechtern offen.

Konfession: nicht gebunden

Sprachenfolge: D, E, F

Internatsplätze: 50 Einer- und 35 Doppelzimmer für junge Frauen

Klassenstärke: ca. 20

Externe Schüler: ca. 400

Kosten/Monat:
Schulgeld ab CHF 2'170 und
Pensionsgeld ab CHF 1'420

Nebenkosten/Monat: ca. CHF 100

Pädagogische Schwerpunkte/Besonderheiten:
Wir fördern die Eigeninitiative und das selbstverantwortliche Handeln. Dabei schenken wir Aspekten wie Frauen in Beruf, Gesellschaft, Politik und Familie grosse Beachtung. Wir behalten unsere Eigenheit bei, die Sekundarschule (7.–9. Schuljahr) das 10. Schuljahr, das Gymnasium und das Internat nur für junge Frauen anzubieten. Weltweite Untersuchungen und unsere eigenen Erfahrungen zeigen, dass junge Frauen an geschlechtsspezifischen Schulen deutlich selbstsicherer heranwachsen. Entsprechend selbstbewusst bestimmen sie ihre Studienziele. Gerade in den naturwissenschaftlichen MINT-Fächern (Mathematik, Informatik, Naturwissenschaft und Technik) beweisen junge Frauen ihre Intelligenz und Kompetenz überzeugend, wenn sie entsprechend gefördert und motiviert werden. Ein grosses Anliegen des Theresianums ist zudem die fachkundige und begeisternde Vermittlung von Kunst, Kultur und Theater.

Tag der offenen Tür: Informationsveranstaltungen siehe www.theresianum.ch/agenda

Ecole d'Humanité

Name und Anschrift:
Ecole d'Humanité
CH-6085 Hasliberg Goldern
Tel. +41 (0) 33 972 92 92
Fax +41 (0) 33 972 92 11
www.ecole.ch, ecole@ecole.ch
f EcoleDHumanite.OfficialPage

Name des Trägers:
Ecole d'Humanité Hasliberg

Schulleitung: Katja Maike Braun

Schulstatus:
Staatlich anerkannte Privatschule

Schularten: Internationale Gesamtschule

Anerkannte Abschlüsse (bzw. Qualifikationen):
• Schweizer Sekundarabschluss
• Vorbereitung auf weiterführende Schulen z.B.: Fachmittelschulen (FMS), Berufsmittelschulen (BMS) oder Zugang zu Vorkursen an Schulen für Gestaltung • 10. Schuljahr als Vorbereitung auf den Berufseinstieg • Abschluss mit der Schweizer Matura, die den Zugang zu allen Universitäten ermöglicht • US-High-School-Abschluss; Zugang zu Studienplätzen an Universitäten in den USA und Europa • Advanced Placement International Diploma (APID), ermöglicht das Studium an Universitäten in Europa • Anerkanntes Prüfungscenter für SAT-, AP- und PTE General-Prüfungen

Konfession: offen für alle Religionen und Nationalitäten

Sprachenfolge: D, E und F als Alltagssprachen sowie Sp, I, usw. temporär (bzw. sporadisch)

Internatsplätze:
w.: 50, m.: 50 intern, 20 extern

Kursstärke: ca. 6–8 SchülerInnen

Kosten/Monat:
CHF 5'600,– bis CHF 7'500,– (10 Monate)

Nebenkosten/Monat: individuell, Ø ca. CHF 200,–

Pädagogische Schwerpunkte/Besonderheiten: • Soziales Lernen in einer internationalen Lebensgemeinschaft • Mitverantwortung und Gestaltung des Schullebens • Individuelle Förderung und Coaching im Kurssystem; morgens akademische Kurse, nachmittags handwerkliche, musische und sportliche Ausrichtung des Unterrichts • 6-Tage-Schulwoche, Mitarbeiter*innen wohnen mit den Jugendlichen in Wohngruppen auf dem Campus • Individuelle Berichte anstelle von Noten • Tanz- und Theaterprojekte • Erlebnispädagogische Ausrichtung durch Schneesport, Hochtouren, Wanderungen, Mountainbiking, Ski- und Snowboardtouren sowie Klettern • Ökologisch orientierte Lebensweise

Internationale Internatsschule

in den Schweizer Alpen

www.cognia.org

die internate VEREINIGUNG e.V.

www.swiss-schools.ch

Safety in adventures

Jugendliche lernen, ihren Gipfel zu stürmen

Rund 120 Schüler*innen und 40 Lehrpersonen aus mehr als zwanzig Nationen leben und lernen in unserem Schuldorf. Individuelle Begabungsförderung, Lernen im eigenen Lerntempo, kreatives Arbeiten, Sport und Outdoor-Aktivitäten sind bei uns Gross geschrieben: Unsere Jugendlichen werden erfolgreiche Gipfelstürmerinnen und Gipfelstürmer ihres eigenen, einzigartigen Bergs!

Jugendliche lernen, weil sie wollen

An der Ecole d'Humanité können Jugendliche das Schweizer oder US-amerikanische Schulsystem absolvieren – ohne Noten, doch mit anerkannten Abschlüssen. Das bewährte Kurswahlsystem bietet ihnen individuelle Lernprogramme, welche – mit Begleitung durch Tutor*innen – eine optimale Entwicklung und schulisches Gelingen ermöglichen.

Jugendliche lernen, auf ihre Stärken zu bauen

An der Ecole d'Humanité stehen der Mensch und seine individuellen Begabungen im Zentrum. Wir offerieren ein breites Angebot an Kursen in den Bereichen:

- Sport & Outdoor
- Musik & Kunst
- Theater & Tanz
- Handwerk & Umweltbildung

Unsere Schule steht für ganzheitliche Bildung: Lernen mit Kopf, Herz und Hand. Zudem lernen alle bei uns Englisch, weil dies nebst Deutsch unsere Alltagssprache ist.

Jugendliche lernen, sich und andere zu schätzen

Wer die Ecole d'Humanité besucht, wird Teil einer interkulturellen Gemeinschaft. Unterstützt von engagierten Lehrpersonen, wachsen Jungen und Mädchen zwischen 11 und 20 Jahren aus unterschiedlichen Kulturen und familiären Hintergründen miteinander auf. So werden wesentliche soziale Fähigkeiten fürs Leben gefördert, erlebt und gefestigt.

Stiftsschule Einsiedeln

Name und Anschrift:
Stiftsschule Einsiedeln, Rektorat
CH-8840 Einsiedeln
Tel. +41 (0) 55 418 63 35
rektorat@stiftsschule-einsiedeln.ch
www.stiftsschule-einsiedeln.ch

Name des Trägers:
Kloster Einsiedeln

Internatsleitung:
Joachim Stahl

Schulleitung/Ansprechpartner:
Rektor Prof. Dr. Sebastian Lamm (ab 21/22)
Pro Rektor Martin Geiger

Schulstatus:
Staatlich anerkanntes privates Gymnasium; Langzeitgymnasium nach 6. Primarklasse mit 2-jährigem Untergymnasium oder Kurzzeitgymnasium nach 2./3. Klasse der Sekundarstufe

Schularten: Gymnasium, organisiert als Tagesschule mit Internat

Schulische Ausrichtung: Die Stiftsschule Einsiedeln ist Teil des Klosters Einsiedeln. Ziel der Stiftsschule ist die unterstützende und fördernde Begleitung der jungen Erwachsenen zur Matura und Hochschulreife als selbständige und verantwortungsvolle junge Menschen. Als private, kantonal und eidgenössisch anerkannte Maturitätsschule bieten wir sowohl das Langzeitgymnasium (6 Jahre) als auch das Kurzzeitgymnasium (4 Jahre) an, ausserdem einen Sprachaustausch mit St-Maurice (VS), Porrentruy (JU) und Ascona (TI). Die Stiftsschule ist ein sprachlich und naturwissenschaftlich orientiertes Gymnasium mit humanistischen Idealen und einer langen Tradition. Das vielfältige Fächerangebot wird erweitert durch eine breite Palette musischer, sportlicher und spiritueller Möglichkeiten im Kursfachbereich.

Konfession: Nicht gebunden

Sprachenfolge: D, E, F, L

Internatsplätze: 54

Kursstärke: Ø 19 - 20

Kosten:
Internat :
«Internat à la Carte» ab 9'000.– CHF für das ganze Schuljahr (mind. 3 Nächte)
Schule:
Untergymnasium (1.-2.Klasse) 21'000 CHF;
9'450 CHF mit Wohnsitz im Bezirk Einsiedeln
Obergymnasium (3.-6. Klasse) CHF 22'000;
CHF 4'100 (Wohnsitz Kt. SZ)

Nebenkosten/Monat:
Schulbücher, Exkursionen

Gemeinsam leben und lernen

Pädagogische Schwerpunkte/Besonderheiten:
Wir wollen die Jugendlichen in ihrer Entwicklung und Kompetenz fördern, um den eigenen und gesellschaftlichen Weg in die Zukunft zu finden. Wenn es uns gelingt, dass junge Menschen dem Leben voller Vertrauen entgegengehen, haben wir viel erreicht. Dazu gehören die Leistung, die wir fordern und fördern; die Persönlichkeit, die wir stützen, und die Werte, die wir durch das gute Umfeld und den besonderen Geist der Stiftsschule einfliessen lassen. Durch die lebensnahe, ganzheitliche und auf die heutige Zeit ausgerichtete Bildung vermittelt die Stiftsschule den jungen Menschen Bausteine fürs Leben – weil unsere Zeit Menschen braucht, die das Abenteuer des Lebens von ganzem Herzen, mit ganzer Seele und mit ganzer Kraft wagen.

Tag der offenen Tür: Individuelle Beratungsgespräche und Schnuppertage im Internat sind nach Vereinbarung möglich.

Das Internat der Stiftsschule Einsiedeln

Das Internat ist die intensivste Form des Zusammenlebens an der Stiftsschule. Der Alltag unseres Internats ist geprägt durch Regeln und eine klare Tagesstruktur. Es ist ein Privileg, Internatsschüler zu sein.

- Die familiäre Grösse unseres Internates fördert und ermöglicht eine individuelle Entwicklung
- Wir legen Wert auf persönliche Betreuungsgespräche und auf engen Kontakt mit Eltern und Lehrpersonen
- Gemeinschaft braucht alle – deshalb hat das Gruppenleben für uns einen wichtigen Stellenwert
- Aktivitäten und Freizeit ausserhalb des Unterrichts spielen eine wichtige Rolle
- Interessierten bieten wir nach Vorgesprächen die Möglichkeit für eine kostenlose dreitägige Schnupperzeit

Das «Internat à la carte» lässt individuellen Spielraum

Neben dem klassischen Wocheninternat von Sonntagabend bis Freitag erlaubt unser Konzept eine individuelle Auswahl von drei bis fünf Übernachtungen pro Woche. Diese werden semesterweise festgelegt und sind verbindlich. Mädchen und Jungen wohnen in getrennten Trakten in modernen Einzelzimmern.

KLOSTER EINSIEDELN
STIFTSSCHULE

Hochalpines Institut Ftan

Name und Anschrift:
Hochalpines Institut Ftan, CH-7551 Ftan
Tel. 00 41/81/8 61 22 11
www.hif.ch, admissions@hif.ch

Name des Trägers:
Hochalpine Institut Ftan AG

Schulleitung: Stefanie Aichholz

Internatsleitung: Joe Zangerl

Schulstatus: Staatl. anerkannte Privatschule mit Schweizer und internationalen Lehrgängen und Internat, regionales Gymnasium des Unterengadins, Trainingsstützpunkt der regionalen Wettkampfsportförderung und Regionales Leistungszentrum RLZ Swiss Ski

Schulische Ausrichtung:
Schwerpunktfächer: Physik und Anwendungen der Mathematik, Wirtschaft und Recht, *Ergänzungsfächer:* Biologie, Sport, Geschichte

Schularten:
Gymnasium mit Schweizer Matura Deutsch-Englisch, Cambridge IGCSE, International Baccalaureate Diploma Programm, Sekundarschule Deutsch-Englisch, Integrationsjahr, Sommercamp

Konfession: nicht gebunden

Sprachenfolge: D, E, F, I, L

Interne Schüler: ca. 40

Klassenstärke: Ø 10

Externe Schüler: ca. 50

Kosten/Jahr:
CHF 56'000 bis CHF 60'000
Sportklasse CHF 2'250 bis CHF 5'050

Nebenkosten/Monat:
ca. CHF 100 bis CHF 200; Schulbücher, Unterrichtsmaterial, Exkursionen etc.

Pädagogische Schwerpunkte/Besonderheiten: Fach Leadership/Persönlichkeitsbildung, individuelles Beratungs- und Betreuungskonzept, individuelle Lernförderung und Lerncoaching, familiäres Klima, geregelter Tagesablauf mit betreuten Studienzeiten, Internatsbetreuung während 7 Tagen und rund um die Uhr, 5-Tage-Schulwoche, kleine Klassen, gemeinsamer Unterricht mit einheimischen Jugendlichen. Hochalpine Lage (1.700 m.ü.M.) auf einer Sonnenterrasse mit herrlichem Panoramablick auf die Bergwelt des Unterengadins, vielfältige Freizeitmöglichkeiten, Sportförderung auf höchstem Niveau für Leistungs- und Freizeitsportler/-innen in den Disziplinen Langlauf, Snowboard Alpin/Freestyle, Ski Alpin/Freestyle, Biathlon und Eishockey.

Tag der offenen Tür:
Besichtigungen, individuelle Beratungsgespräche und Schnuppertage sind jederzeit möglich.

HOCHALPINES INSTITUT FTAN

SWISS INTERNATIONAL SCHOOL AND SPORTS ACADEMY

«Am HIF konnte ich die Matura erfolgreich abschliessen und mich gleichzeitig voll auf den Spitzensport konzentrieren.»

Nevin Galmarini
Olympiasieger 2018 Snowboard
und ehemaliger Schüler des HIF

NSERE TRADITION, UNSERE VERPFLICHTUNG

as Hochalpine Institut Ftan (HIF), Swiss International chool and Sports Academy, gegründet im Jahr 1793, ist ne koedukative Schule auf Sekundar- und Gymnasial- ufe, die eine Reihe von Lehrgängen für Schülerinnen und chüler der Klassen 7 bis 12 anbietet. Das HIF ist vom Kan- on Graubünden für die Vorbereitung und Durchführung er Schweizer Maturitätsprüfung anerkannt. Das HIF ist ein entrum für das International General Certificate of Secon- ary Education (IGCSE) der Cambridge Assessment Organi- ation und als IB World School akkreditiert. Das Wohlbefin- en und der Erfolg unserer Schülerinnen und Schüler, sei es chulisch oder sportlich, ist für alle am HIF das erste und ichtigste Anliegen.

CHWEIZER LEHRGÄNGE

ymnasium mit bilingualer Matura Deutsch / Englisch
ekundarschule Deutsch / Englisch, Übertrittsmöglichkeit ins ymnasium.

ITERNATIONALE LEHRGÄNGE

CSE / IB Diploma / Language Integration
as internationale Sprungbrett mit Zulassung zu Universitä- en weltweit.

UMMERCAMP

IF International Summer Adventure Camp: Deutsch und Eng- sch lernen, Sport treiben und neue Freunde finden in der underschönen Urlaubsregion des Engadins.

DAS MACHT UNS EINMALIG: DIE SPORTKLASSE

Die HIF Sportklasse ermöglicht Schülerinnen und Schülern, Wettkampf- und Freizeitsport mit einem Schweizer und internationalen akademischen Lehrgang zu kombinieren. Sport fördert die Gesundheit und das Wohlbefinden, aber auch Widerstandskraft, Selbstdisziplin und Teamgeist – wesentliche Qualitäten zukünftiger Führungskräfte.

Unser Sportangebot

- Ski nordisch
- Snowboard Alpin und Freestyle
- Ski Alpin und Freestyle
- Biathlon
- Eishockey

KONTAKT

Rufen Sie uns an oder schreiben Sie uns, wenn Sie mehr wissen möchten, wir beantworten Ihre Fragen gerne. Oder noch besser: Besuchen Sie uns im wunderschönen Engadin und überzeugen Sie sich selbst von der Qualität unserer Schule.

HOCHALPINES INSTITUT FTAN AG
Chalchera 154 • 7551 Ftan, Schweiz
Tel. +41 81 861 22 11
www.hif.ch • admissions@hif.ch

Stiftsschule Engelberg

Name und Anschrift:
Stiftsschule Engelberg
Benediktinerkloster 5
CH-6390 Engelberg
Tel. 00 41/41/6 39 61 00
www.stiftsschule-engelberg.ch
info@stiftsschule-engelberg.ch

Name des Trägers:
Benediktinerkloster Engelberg

Internatsleitung:
Franziska Bachmann Pfister

Schulleitung:
P. Andri Tuor, OSB

Schulstatus:
Staatlich anerkannte Privatschule, Regionale Mittelschule, IB World School

Schularten:
Gymnasium mit Internat:
International Baccalaureate (IB) und Zweisprachige Matura (Deutsch/Englisch) mit Doppelabschluss, Sekundarschule (Integrierte Orientierungsschule)

Schulische Ausrichtung: Zeitgemässe Klosterschule mit internationaler Prägung, christliche Wertevermittlung im benediktinischen Geist, Gemeinschaftbildung, Schwerpunktfächer: Physik und Anwendungen der Mathematik (PAM), Wirtschaft u. Recht, Latein und Griechisch, Ergänzungsfächer: Chemie, Religionslehre, kombinierter Abschluss der zweisprachigen Schweizer Matura (D/E) und des International Baccalaureate (IB).

Konfession: nicht gebunden

Sprachenfolge: D, E, F, L

Internatsplätze: w.: 40, m.: 60

Klassenstärke: Ø 19

Externe Schüler: 70

Kosten/Monat:
CHF 3'420,– (Untergymnasium),
CHF 3'710,– (Obergymnasium)

Nebenkosten/Monat: gem. Verbrauch, Wochenendbetreuung sFr. 6'000,–

Pädagogische Schwerpunkte/Besonderheiten:
Individuelle Betreuung, familiärer Schulgeist, Lerncoaching, geregelter Tagesablauf mit festen Studienzeiten, vielfältiges Freizeitangebot (Sport, Musik, Gesang, Theater). Wochenendbetreuung. Alpine Landschaft im Sommer- und Wintertourismusort, gute Erreichbarkeit im Zentrum der Schweiz (40 Minuten von Luzern), grosszügige und moderne Infrastruktur.

Tag der offenen Tür: Schnuppertage nach Vereinbarung

Internat in Großbritannien

EF Academy Oxford

Pullens Lane Headington
Oxford OX3 0DT, UK

Kontakt in Deutschland:
Tel. 02 11/6 88 57-350
privatschulen.de@ef.com

Privates Internat

Internate in den USA

EF Academy New York

582 Columbus Avenue
Thornwood
New York 10594, USA

Kontakt in Deutschland:
Tel. 02 11/6 88 57-350
privatschulen.de@ef.com

Privates Internat

EF Academy Pasadena

1539 E Howard St
Pasadena
Kalifornien 91104, USA

Kontakt in Deutschland:
Tel. 02 11/6 88 57-350
privatschulen.de@ef.com

Privates Internat

Internate in Österreich

A-6900 Bregenz
Collegium Bernardi
Privates Gymnasium und Internat Mehrerau
Mehrerauerstr. 68
Tel. 00 43/(0)55 74/7 14 38

Gymnasium

A-6166 Fulpmes
Schülerheim Don Bosco
Bahnstraße 49
Tel. 00 43 (0)650/6 22 49 11

(Mitglied im VKIT)

A-8010 Graz
Bischöfliches Internat Graz
Lange Gasse 2
Tel. 00 43/316/8 03 19-90

Gymnasium und weiterführende Schulen
(Mitglied im VKIT)

A-1040 Wien
Stiftung „Theresianische Akademie"
Favoritenstraße 15
Tel. 00 43/1/5 05 15 71

Gymnasium

A-1130 Wien
Bundesinternat Wien
Himmelhofgasse 17–19
Tel. 00 43/1/8 77 12 45

Realgymnasium

Internat in den

Niederlanden

NL-7731 PJ Ommen
International School Eerde
Kasteellaan 1
Tel. 00 31/5 29/45 14 52

Grundschule,
Mittlere Reife,
(ICGSE) Abitur, (IB),
Post Graduated Sport program

Internat in

Dänemark

DK-4700 Næstved
Herlufsholm Skole og Gods
Herlufsholm Allé 170
Tel. 00 45/55 75/35 00

Grundschule,
Gymnasium,
IB World School,
IB Diploma Programme

Notizen